JN238482

HIROSHI KUROGANE
SENSHI-BANKO

千思万考

歴史で遊ぶ39のメッセージ

黒鉄ヒロシ

幻冬舎

装画　黒鉄ヒロシ
装丁　平川　彰（幻冬舎デザイン室）

千思万考◉目次

本文デザイン　株式会社ペリカン
企画協力　テレビ朝日
編集協力　小林和彦

是非に
及ばず
信長
ILLUSTRATED BY
H.KUROGANE
WELCOME TO THE WORLD OF LAUGHTER
Nobunaga

【織田《おだ》信長《のぶなが》】ＯＨ！ダ！ＮＯ！武・名・我

日本の「近世」を切り開いた〈戦国時代の革命児〉が織田信長の表舞台の演目だが、楽屋を覗《のぞ》かずに帰っていく多くの観客が持つこの大役者の雑駁《ざつぱく》なイメージは〈大胆にして好戦的、激情家にして残虐〉辺りではなかろうか。

結果の前の過程に覗く人材登用の妙、兵農分離のアイデア、鉄砲への着目等々を知って、先のイメージとの間にいつしかクエスチョンマークが現われ、更には曲がった背を伸ばしてカタチはエクスクラメーションとなる。

永禄十二年（１５６９）四月二日。

外来の珍奇な贈り物（大きなヨーロッパの鏡、孔雀《くじやく》の尾、黒いビロードの帽子、ベンガル産の籐杖）を持参したポルトガル・イエズス会宣教師ルイス・フロイスに信長本人は引見しようとはせず、襖《ふすま》の隙間《すきま》から様子を窺《うかが》うに留《とど》める。

更に、贈り物の中からビロードの帽子一点だけを受け取って残りの三点を返す。

理由を重臣に尋ねられた信長は、「この教えを説く為に幾千里もの遠国からはるばると日本に来た異国人を、どのように迎えてよいか判《わか》らなかったからであり、予が単独で伴天《バテ》連《レン》と語らったならば、世人は、予自身もキリシタンになることを希望していると考えるかもしれぬと案じたからである」と語っている。

問答から立ち昇る信長の、正直にして慎重、後顧の憂いなきが為の自身の行動の制約《せいやく》など、冒頭の雑駁なイメージとは重ならない。

アイデアと行動の裏で身構える智。

表舞台の派手さの裏の科白《せりふ》まわしと所作事《しょさごと》の習練。

幼少の頃に禅僧、沢彦宗恩《たくげんそうおん》に学び、中国を師とし、殷《いん》の湯《とう》王、周《しゅう》の武王を範とした信長のインテリの一面を見落としてしまう。

その業績は偶然によってではなく必然の集積であった。

危機的状況といえるいわゆる「信長包囲網」の打破に成功した結果的手段を今の時代から眺めれば「魔王ゆえの悪運」などとつい神懸《かみがか》りの答えに逃げ込みたくもなる。

早期に於《お》ける鉄砲の整備や鉄甲船の建造などは信長の天才的閃《ひらめ》きの代表例だが、そこに至らしめた要因を無視しては、先の魔王説に項垂《うなだ》れるだけで正体を覗く扉は開かない。

東国と畿内《きない》とを結ぶ要衝の地・尾張那古野《なごや》に生まれた偶然を、信長は必然に変える。

人とともに多く集まる情報も、その耳は聴き洩《も》らさず自らの発想との接着剤として脳へと送る。

生まれた九年後に、信長の成長を待っていたかのように鉄砲が伝来する。

婚姻に際しても抜かりなく、妻の実家生駒《いこま》家の財力と情報力とをこれに足す。

交易文化圏であった伊勢湾近くにあって、信長は古い価値観を捨てるセンスを磨いた。

磨かれたセンスは、座や関所を廃止する、のちの「楽市楽座」への発想へと繋《つな》がる。

つい文化面に属しそうな茶の湯政治も、その道具類に付加価値をつけて、不足する領土の代用とする柔軟な発想。

イメージの鉄甲船の異様な巨大さに眼を奪われて「魔王」と口あんぐりと舌を巻いてしまったのでは、父からの遺伝としての資質と財力の相続、幼年期の学習に加えて、生誕地、鉄砲の伝来時期などの偶然をも手繰り寄せた信長の緻密《ちみつ》さを見失う。

これ程の〝人間の傑作〟の千慮の一失が「本能寺の変」だった訳だが、戦国武将にとって、しかもその頂点たる覚悟は、死の日常性と生の非日常性という逆転に精神状態は置かれていた筈《はず》で、弱い証拠として信長が好んだと伝わる幸若舞《こうわかまい》の『敦盛《あつもり》』の一節がよくあげられる。


〽人間《じんかん》五十年、下天《げてん》の内をくらぶれば、夢幻《ゆめまぼろし》のごとくなり……。

歌詞に対するまるでアンサーソングのように本能寺を包囲されたという報告に対して信

長が「是非に及ばず」と言ったというのだが、真偽の程はともかく、先述の〝必然の道〟を切り開いてきた人物が、必然の代表格である「死」に敏感でなかった筈がない。

人が死に対して恐怖する理由は以下の四つであるらしい。

①痛覚への不安
②近親者との別れ
③財産権の放棄
④不条理感

①から③までなら信長ならずとも、深い思索によっては凡夫でも超えられるようである。問題は④の不条理感で、これを信長がいかにクリアしたか或《ある》いはもがいたかに興味がある。

不条理感とは、言語によってかけられた魔法を、言語によって解こうとする行為だから、いつまでたっても堂々巡りなのは明白で、これにいい加減ウンザリしたタイプがストッパーとして発明したものが「神」や「仏」なのだが、信長こそはこれを嫌った。

言語によってかけられた魔法なら、その成立前、つまり言語が発生する以前に立てばよろしいのだが、そこでは解答どころか同時に魔法も霧消してしまう。

「是非に及ばず」

信長は霧消の瞬間を楽しみに生きたのではないか――と思いたい。

（おだのぶなが）１５３４―１５８２◉尾張国守護代の末流という家に生まれながら、天下統一目前まで上り詰めた武将・戦国大名。家督相続後、一族の骨肉の争いを経て尾張を制し、１５６０年には桶狭間の戦いで今川義元を討ち気鋭の戦国大名として台頭。続いて美濃を制すると、本拠を岐阜に移し「天下布武」を掲げ、対抗する戦国大名、さらには比叡山、石山本願寺など寺社勢力を打破してゆくが、明智光秀の謀反により本能寺で自刃。

【織田信長】ＯＨ！ダ！ＮＯ！武・名・我

pioneer
織田信長
Nobunaga
ILLUSTRATED BY

【織田信長《おだのぶなが》】信長の NO！力主義《パイオニア》

戦国武将のほとんどが領土拡大に目標を置く中で、織田信長だけが天下統一を謳《うた》った。

「天下布武《ふぶ》」の印は武を布したあとの天下泰平までを視野に入れている。

その過程に於いては無理や難題は覚悟の上であった。

信長の改革を並べてみる。

「楽市楽座の創設」、「関所の廃止」、「南蛮貿易の推奨」、「キリスト教布教の許可」、「兵農分離」。

当時に於いては「市場」や「関所」の利権は公家と寺社が握っていた。

そこを「楽市楽座」という新規参入を可能とする制度に替え、「関所の廃止」によって交通、交易の自由化をはかり、経済と流通活動を活性化させた。

その為に、今日いうインフラ、道路を整備することで右の施策を容易《たやす》くし、それ迄《まで》の農業重視から商業重視へと転換する。

「南蛮貿易の推奨」は、直接的な物資だけではなく付随する技術や情報の獲得を狙った。

「兵農分離」は農閑期だけの農民兵徴兵というのどかな（?）時代に「兵士を専業化」し、何時《いつ》でも戦える体制をとった。

更に、鉄砲の大量導入と合理的使用法によって、それ迄の個人戦的戦闘を集団戦に変えた。

弱いとされた織田軍が通用した理由である。

「市場」や「関所」の権益を失った公家や寺社側は当然に不満で抵抗勢力となったが、信長はその内面にも眼を向けた。

元亀二年（１５７１）九月十二日。

信長は三万の兵で比叡《ひえい》山を取り囲むと、根本《こんぽん》中堂、山王二十一社をはじめ、霊仏、霊社、僧坊、経巻など、一堂一宇余さず焼き払った。

『信長公記《しんちょうこうき》』巻四。

「――山下の、老若男女は慌てふためき、右往左往して逃げまどい、取るものも取りあえず、みな裸足《はだし》で八王子山に逃げ登り、或いは社内へと逃げ込む。それを追うようにして、兵が四方から鬨《とき》の声をあげながら攻めたてる。僧俗、児童、学僧、上人《しょうにん》、すべて捕えては首を刎《は》ね、信長公にお目にかける」

まことに凄《すさ》まじく、信玄をして「仏敵」と言わしめた、その肩を持ちたくもなるが、叡山焼き討ちより遡《さかのぼ》ること三十五年、かの京の街を焦土にした一向宗と法華《ほっけ》宗の「天文法華の乱」を知れば、どっちもどっちの感想を持つ。

自らを「天台座主沙門信玄《ざすしやもん》」として「仏敵」呼ばわりする信玄の手紙に対して、信長は「第六天魔王信長」と応酬する。

信玄の旧体制の権威や信仰への味方は、先の胸のすく信長の返事も合わせて、覚悟と迷信度から軍配の差す方向は自《おの》ずと決まる。

細部に眼を凝らしてみると宗教弾圧とは性格が違うことに気付く。

信長は信教の自由は認めた上で、一揆《いっき》の後ろ盾や他武将との共闘を止《や》めるか、せめて中立を保てと譲歩までしている。

のちの新井白石も「そのことは残忍なりといえども、長く僧侶の凶悪を除けり、これもまた天下の功有事の一つと成すべし」と評価する。

この時の信長の英断により、その後の我が国に於いては宗教が政治に介入しての大事件はない。

比べるに他国では戦争や紛争、テロの原因のほとんどが宗教絡みであることを考えれば、信長の先見性には舌を巻く。

パイオニアとしての信長の改革の根幹は「既得権益」の破壊にあった。

次の「規制緩和」は創造に当る。

すべからく、改革とは旧体制の既得権の破壊のあとの新制度の創造であり、ヒトの文明はこれを繰り返す。

信長をしてパイオニアたらしめた理由は、時代が旧体制の権威と古代的宗教の腐敗期に入っていたことと、改革の極端な道具としての戦闘の仕方がいまだ古典的であったこと。

信長の思考に時代が味方した。

ではは信長はパイオニアたる視座をいかにして獲得できたのか。

幼い頃から津島湊《つしまみなと》という伊勢湾貿易の中継地に立ち、出船入船を眺めながら外国の文物と情報に触れたことは、大いに信長の固定観念を打ち崩した。

外を見て、内を見直し、内から外へと視座を返せば、時代の正体が見えてくる。

スケールの差はあれど、人格形成という点では、坂本龍馬が実家の質店を通して武士の実態を観察できたことに似ている。

一元論的発想は、必ずや多元論的発想に敗れる。

信長の目指した方角は、西欧列強の仲間入りだが、やがて彼等の一元論的白人優位性に気付き、再び世界に「世界布武」の印を示し二度目の改革に乗り出した、とスケール大きくこの項を締め括《くく》ろう。

（おだのぶなが）１５３４—１５８２◉戦国動乱を終結し天下統一の前提をつくる。指出検地を行い土地把握に努めたり、城下町安土では楽市・楽座公事免許などの優遇策を実施する。また、ヨーロッパ文化への興味と一向一揆との対抗のためにキリスト教に保護を加え、安土にセミナリオ、京都に南蛮寺の建設を認める。天下統一を目前に、志半ばにして明智光秀の謀反により自刃。

【織田信長】 信長のＮＯ！力主義

息子
信忠
信雄
信孝
Nobunaga
ILLUSTRATED BY
H.KUROGANE

【織田信忠《おだのぶただ》】世襲、世襲と人馬は進む

織田信長ほどに、群を抜いた先見性の持ち主にして、「世襲」への思い込みは受け入れざるを得なかった。

もっとも、今に至るも「世襲」は花盛りだから、嗤《わら》うのは四百年前の信長の方だろう。

信長には息子が十一人、娘が十人いた。

跡継ぎの資格者としては、信忠、信雄《のぶかつ》、信孝の名が太字となる。

織田信忠。

弘治三年（１５５７）、信長長男として清洲《きよす》城に生まれる。幼名奇妙丸。

かつては凡庸説に覆《おお》われていたが、最近は悪評のあちこちを有能説が突き破っている。

信長も、後継者として信忠には英才教育を施したようで、のちの「武田攻め」の辺りになると、一角《ひとかど》の武将に成長した息子に父も目を細めている。

天正三年（１５７５）、十一月二十八日。

信長四十二歳の時、十八歳の信忠に家督を譲っている。

ここに興味深い記述がある。

宮中の女官が書き遺《のこ》した『お湯殿の上の日記』で、「信長と信忠親子が不仲となり、天皇も心配した」というのである。

不仲の原因は今もって不明だが、一説に、能楽に耽溺《たんでき》する信忠を信長が咎《とが》めた為で、案じた時の正親町《おおぎまち》天皇の勅使が安土へと派遣されるまでの騒動になった。

直前信長は、信忠、信雄、信孝の三人にそれぞれ太刀《たち》を与え、親子間の険悪な状況は回避されたようである。

この親子の仲直りから一年を待たずして「本能寺の変」が勃発《ぼっぱつ》した訳で、寺が敵兵に囲まれたと報告を受けた信長の第一声が「信忠か⁉」であったとする説も頷《うなず》ける。

一方の、「変」を告げられた信忠は、宿泊していた妙覚寺からすかさず防禦《ぼうぎょ》に適した二条城へと移動し、奮戦の末、父同様に煙の中に自刃して果てている。

よもや攻める光秀が、織田家の総領である信忠を討ち洩らすとも思えないが、多く（織田有楽斎《うらくさい》、前田玄以《げんい》など他多数）が、脱出に成功しているのだから、全くチャンスがなかったという訳でもない。

父子の立場が逆転していたら、信長なら一路安土へとひた走っただろうに、局地的戦さや、儀礼では優秀ではあっても、いざという時に硬直した発想しか持ち得なかった信忠は、やはり世襲の悪癖（？）の中に吸い取られたタイプであったと言わざるを得ない。

本能寺から遠く離れた地にあった次男信雄と三男信孝は、突如として父と長男とが消滅して後継者レースへと押し出された。

織田信雄。

永禄元年（１５５８）、信長次男として誕生。幼名茶筅《ちゃせん》丸。

信雄の評判は、今も昔も変わりなく、明智軍の撤退後、慌てふためいて安土城を焼いた犯人として、ルイス・フロイスに書き留められている。

後継者たらんと、節操なく秀吉と組んだり家康に接近したりと、天手古舞《てんてこまい》を見せてくれるが、落ち着いた場所は、猿のお伽衆《とぎしゅう》という屈辱的な座であった。

織田信孝。

永禄元年（１５５８）、信長三男として生まれるが、一説に誕生は四月四日で、生母の坂氏が次男信雄の生駒氏より身分が低かった為、入れ替えられたとも。

三男信孝も、ルイス・フロイスのスケッチに借りると「五畿内に於《おい》て、此《こ》の如く、善き教育を受けた人を見たことがない。思慮あり、諸人に対して礼儀正しく、又、大いなる勇士」と大好評だが、信雄に比《くら》べての有能さが仇《あだ》となったのか、秀吉と対立の末、切腹させられている。

辞世の句は、秀吉への恨みむき出し。

「昔より　主をうつみの野間ならば　やがて報いん　羽柴筑前」

フロイスのいう、教育を受け、思慮深いにしては世襲の弊害むき出しのヒステリック気味の句ではある。

臓物を引きずり出して叩《たた》きつけたらしいが、これが勇士の末路であれば、ますますに限界を感じる。

有能とはいうものの、あちらこちらに二代目の甘さの証拠を遺しており、二人ともに秀吉や家康を「父の部下」と侮っての視座を変えることができず、猿と狸にしてやられた。

信忠の愚直、信雄の愚鈍、信孝の愚昧《ぐまい》。

世襲の弱点を百メートル競走に譬《たと》えてみると、一人途中からスタートするようなものだから、よくいえばおっとり、悪くいえば与太郎的体質に育ち易《やす》い。

〝総領の甚六〟説の根拠であるが、とはいうものの、実の子と他の子に差をつけない親など少なかろう。

「世襲」とは、あくまで願望であり、上手《うま》くいった例は少ないというのに懲りずに繰り返すのは、死の不安を断ち切って遺伝子に託そうとのヒトの悲鳴の一種である。

信長もまた、悲鳴をあげた。

信忠（のぶただ）１５５７—１５８２◉信長、信忠の死後、秀吉主導の清洲会議で織田家の家督を相続した三法師（秀信）は、信忠の嫡男。信雄（のぶかつ）１５５８〜１６３０◉信長の死後は、豊臣秀吉・秀頼、徳川家康・秀忠を順次主君とし、江戸時代初期には宇陀松山藩の藩主となり京で余生を送る。信孝（のぶたか）１５５８〜１５８３◉本能寺の変の後、岐阜城主となり賤ヶ岳の戦いでは柴田勝家に与するが、勝家の敗死により秀吉に降伏後自害。

斎藤道三
Dousan Saitou
されば無念なる事に候
山城が子共
たはけが門外に
馬を繋ぐべきこと
案の内にて候
ILLUSTRATED BY
H.KUROGANE

【斎藤道三《さいとうどうさん》】成り上りの限界を教える梟雄《きょうゆう》

下克上がレースなら、斎藤道三は図抜けたチャンピオンだ。

どこぞの馬の骨かわからぬ男がわずか十数年にして美濃《みの》三十七万石の大大名にまで駆け上るスピードは、フィクションをない交ぜにしたとしても凄まじい。

僧侶くずれのフーテンが姿勢を低くして油問屋の暖簾《のれん》を潜《くぐ》ると、あっという間に身代を乗っ取って山崎屋庄五郎なんぞと胸を反らしたかと思うと、美濃の守護土岐《とき》氏の重臣の家来に揉《も》み手ですり寄り、油屋と同様にこれを乗っ取ると次に格上の斎藤家に目を向けて、その家名までぶん捕ってしまう。仕上げはかつての主筋の土岐盛頼を権謀を以《もっ》て誅《ちゅう》すると、いよいよトップに取り掛かる。美濃の守護、土岐頼芸《よりなり》を蹴り出して、ここに道三の成り上り双六《すごろく》の上り。

出世（?）のスピードに於いては、かの秀吉をも上回るかもしれないが、道三の場合は下克上とは言い条、比重は犯罪の方にかかる気配。

道三の成り上り振りを描く数多《あまた》の筆先は、同時代を生きた武将六角承禎《ろっかくしょうてい》サイドの資料が発見される迄このライン上をなぞった。

どうやら親子二代の悪業を子の道三一人に寸詰めしたらしいのだが、スピードを二倍に減じたとしても、下克上のチャンピオン振りにいささかの翳《かげ》り（？）もなく、シェークスピアの『マクベス』と並べても一歩も退《ひ》かぬどころか悪の華ぶりは、色、カタチ、匂いの全てにおいて上回る。

美濃の国に大輪の悪の華を咲かせた道三も、既に齢《よわい》六十に達し、隣国尾張を叩き潰《つぶ》し、更にひと花咲かせるにはもはや時がない。

娘の濃姫《のうひめ》をば、尾張の織田信秀の息子信長に輿入《こしい》れさせれば、どう蛇《じゃ》ろうかい？　正攻法では時間切れとなるが、クリンチに持ち込んで、あとは得意の反則技でボディにチンへと一発打ち込むチャンスは、ある蛇ろう？

ここに腹黒い政略結婚は成り、蝮《まむし》はクリンチしながら軽く「ムコ殿に会《お》うてみたい」とジャブを出す。

六十歳の道三と二十歳の信長の面会は、態度、軍装ともに押し切ってムコ殿優勢のうちに終了。

面会後に重臣の一人がムコ殿の感想として「噂に違《たが》わぬ大うつけ」と言うを聴いて、道三が返したといわれる科白が絵中の言葉。

「将来、わしの息子達がそのうつけの門前に馬を繋ぐ（家来になる）ことになるであろうよ」と信長の非凡さを瞬時に見抜いた道三のセンスはさすがと思わせるが、この辺りまではまだ成り上りの余力があった。

足場の悪い坂道の局地戦での頭の閃きなら蝮の独壇場だが、昼日中の平坦《へいたん》場の闘いは、眼が眩《くら》んだか、にわかに精彩を欠く。

成り上るに懸命で、そこに全力を傾けた道三には人心掌握と民政など、ついでのおまけ。全力で突っ走ってガス欠になったというより、道三号は元より走行距離と目的地に限界があったのだ。

今少しその性能を考えてみるに、何事も一代で成し得た人の致し方のない特徴として、何から何にまで目を通し、命令の全権を持ちたがる。裏返せば他人の意見は聴かず、細かいところまで独善振りを徹底する。注意力の繊細さは良いとしても、過ぎると従う者はやり切れない。

駆け上った道三のビジョンは美濃一国の切り盗《と》りまでで終了した。

心許せる臣下がいないばかりか、育てようともしなかった。

なんとか臣に匹敵する三人の息子が間に合ったが、道三は依怙《えこ》贔屓《ひいき》の愚を犯す。

長男義龍《よしたつ》を疎んじて次男、三男を後継にと考えた為の親子の対立。

一説に、道三の妻となった女は旧主土岐頼芸の妾《めかけ》で、下げ渡されて一年以内に義龍を産んだ為に実子ではないと疑っての対立というが、なに、蝮らしくもない。

若い頃の道三なら、こだわる種を長引かせたりはせず、生まれたとたんに絞め殺していただろう。

かくして親子は長良川《ながら》で対決するのだが、圧倒的な兵力差はそのまま道三の人望に比例する。

信のおける臣下の育成のかわりに道三が採用したのが牛裂き、釜煎《かまい》りなど、極刑を多用した「恐怖政治」。

恐怖の対価が、義龍一万七千五百に対して道三わずかに二千七百という数に表われたか。

六十三歳にして道三は息子に討たれるが、首を失う前に口惜《くや》し紛れの反古《ほご》紙に過ぎない「美濃を信長に譲る」との内容を書き遺す。

道三の家系は三代にして断絶し、元のフーテンの振り出しへと戻った。

無から生じ無へと帰るのだからそれも良しと言うなら付け加えるものもないが、欲望の意味を道三は考えたであろうか。

成り上りの限界を道三に見る。

成り上りもそうであるように、世襲にも限界がある。両方の限界を道三は超えられなかった。

のちの世の多くの人は、儚《はかな》いカタルシスを道三に見て溜息《ためいき》をつく。

（さいとうどうさん）生年不詳—1556◉元京都妙覚寺の僧侶であった道三の父は、岐阜に来て長井家の家臣となり長井新左衛門尉と称する。道三は、長井家の当主を殺害して長井規秀を名乗り惣領となる。そして、さらに守護代の斎藤家をも乗っ取り斎藤利政と名乗るようになり、果ては守護の土岐氏を追放、美濃国の実権を握る。家督を嫡子・義龍へ譲り、剃髪入道して道三と号した。

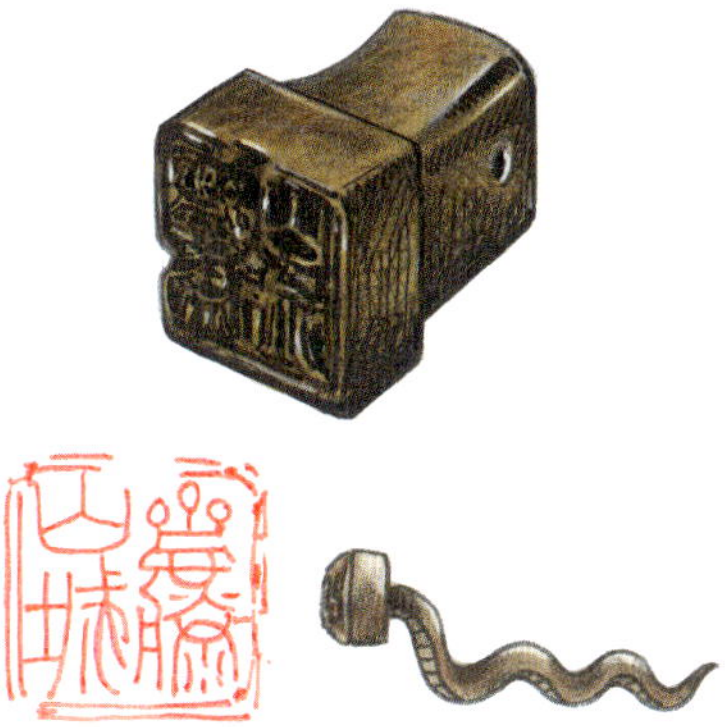

豊臣秀吉
Toyotomi Hideyoshi
主人は一年
部下は三年
ILLUSTRATED BY
H.KUROGANE

【豊臣秀吉《とよとみひでよし》】戦国ダービー、勝馬ヒデヨシ号

もし馬だったら、三人の脚質は次の通り。

ノブナガ号――逃げ先行、イエヤス号――追い込み、ヒデヨシ号――好位差し。

圧倒的な強さを誇るノブナガ号に、無理な位置から強引に競《せ》りかけて、予後不良となった馬は多い。

例、ヒサヒデ号、ムラシゲ号、ナガハル号。

GIレースに出走する血統的資格を、ノブナガとイエヤスは具《そな》えていたが、ヒデヨシとなると㊇も㊊も、名はアオかタゴの農耕専従馬だから、中央入りしての競馬などは夢のまた夢に寝小便のおまけが付く。

ところがどっこい、ヒデヨシ号は田畑を突っ切って、河を泳ぎ谷を渡って、野を越え山を越えると競馬場に辿り着いて、なんと、GIレースに紛れ込んでしまった。

既に五冠も六冠も手にしていた不世出の名馬ノブナガ号が、意外なレース展開でゴール寸前にミツヒデ号に差されてしまう。

同じ脚質のヒデヨシが、すかさず差し返して、穴馬のミツヒデは薬殺処分。

名馬の仲間入りを果たしたヒデヨシ号の晩年のレース振りが、いささか見苦しいのは、後方から駆けてくる強力な追い込み馬イエヤスの存在と、突然変異的な自らの血統を継続させようとした無理な走法に因《よ》る。
①番ノブナガ
②番ヒデヨシ
③番イエヤス
GⅠ戦国武将記念レースを現代から眺めると①②③のボックスの本命サイドの馬券のように見えるけれど、彼等の走り抜けた時代にあっては、いずれも大万馬券であった筈だ。

中でも、ヒデヨシ号は大穴の中の、大穴であった。

大穴の中に棲《す》んでいた従の秀吉は、そこから掬《すく》い上げた主の信長との関係が余りに派手な為に、助走期が忘れられがちだが、尾張へと辿り着く前、ここでも能《よ》く才を発揮したのだろう、今川義元の家臣、松下加兵衛に仕えて「納戸方《なんど》」にまで出世しているが、手控えずに頑張った所為か、同僚に妬まれる。

両者の調停に苦慮した主人は秀吉に暇を出すという解決策で茶を濁す。

この一件を受けての自負と、恨みの籠《こも》ったような秀吉の言葉が「主人は三年、部下は一年」というものであった。

主人は家来を使って見どころなしと見れば一年で暇を出すが、家来は三年を仕えて主を見限る。

余程自らの才に自信があったのだろう、暇を出された事実をひっくり返して、あたかも自らが見限ったかのようにすり替える。

念の入ったことに大出世を遂げたのち、秀吉は復讐《ふくしゅう》なのか暇を出した松下を厚遇するという嫌味（？）で応え、同時に自らの器の大きさを主張してみせる。

ここにも秀吉の出世上手と人たらしの才が匂う。

秀吉は後輪のない前輪駆動車のようなもので、ただ前進あるのみ、守るものも失うものもないのだから、出世が面白かったのだろう。

松下家での「納戸方」が、織田家では「草履《ぞうり》取り」からの再出発でも、秀吉には余裕であったのだ。

「人は出自低き者を、おしなべて馬鹿にするが、同時に隙も見せる」「顔面、体躯《たいく》のコンプレックスは逆さに使えば武器となる」「人は利に弱い」等々、諸国を経巡《へめぐ》って得た「世間」のカラクリに気付いた秀吉の能力は天才的である。

松下家でのヘマ（過剰な頑張り）を、秀吉は二度と犯さない。

与えられた役職は百パーセント務めるが、上乗せ分は最小限に留めて着実にのし上っていく。

有名な「墨俣《すのまた》の一夜城」など、しくじった佐久間信盛や柴田《しばた》勝家にすれば偶然の奇跡に映っただろうが、秀吉には必然の予測の範疇《はんちゅう》にあった。

また、秀吉の陽気な外交面にばかり気を取られ、戦さ上手であることを忘れがちとなるが、なんと、一度として敗戦がない（引き分け二戦）。

信長、家康と雖《いえど》も、命からがらのケースが一度はあるのに秀吉にはない。

官兵衛、半兵衛の二兵衛という「偉大な軍師」を観察するうちに、秀吉は極意を悟ったのだろう。

更に、直接的な殺戮《さつりく》は避け、自軍の損傷も極力抑え、「兵糧《ひょうろう》攻め」や「水攻め」を多用と、合理的な心理戦を専《もっぱ》らとしている。

そんな秀吉も、本能寺の変以降は嘗《かっ》ての能力に翳りを見せ始める。

人の下にあっての、人たらしとしての機を見るに敏の才で、上に立っては「非情さ」が要求される。スタンスが違ったのだ。

天下を獲《と》ったあと、「驕《おご》れる者久しからず」という張紙が聚楽第《じゅらくだい》の門に貼《は》られた。

すかさず秀吉は貼り返す。

「驕らぬ者も久しからず」

秀吉のセンスは健在だが、その後の処置に無学の限界と天下人となった無惨を見る。

犯人検挙に失敗したと知るや、秀吉は門番達を耳削《そ》ぎ鼻削ぎの刑に処している。

（とよとみひでよし）1537―1598◉備中高松城（現・岡山市）を侵攻中、主君・信長が本能寺にて明智光秀の謀反によって斃れたことを知ると、敵将・毛利輝元と講和。素早く軍を畿内に返し山崎の合戦で光秀を討ち、信長の後継者の筆頭となる。以降、信長の事績を継ぎ天下を統一。太閤検地、刀狩りなどの政策を実施し、近世型封建社会の基盤を構築する。

【豊臣秀吉】戦国ダービー、勝馬ヒデヨシ号

徳川家康
人の一生は重き荷を負ふて遠き路を行くが如し
ILLUSTRATED BY H.KUROGANE 2010.

【徳川家康《とくがわいえやす》】イエヤース、orノー

資料として並べた何十枚もの家康の肖像画を見比べて、最初に受けた印象は「愚直」であった。

「愚」の字を採用したのは大いに主観で、再び意識をその面相に戻してみると、いつの間にか表情は「律儀」に変わった。

「忍耐」「温厚」「篤実」「堅実」「唯物論的」「我慢」――と、家康を称賛するイメージが並ぶ一方、「策士」「肥満」「狸おやじ」――などの負の柱も寄り添うように立っている。

肥満や狸など、デブチンの愛嬌のシワの中に埋没しかかっている眼光の鋭さに気が付く。家康に対するそれぞれの時代の絵師達の、畏怖《いふ》の念が込められての鋭さではあろうが、

「そりゃあ、そうだよなあ」と、簡単に腑《ふ》におちてしまう。

「律儀」や「忍耐」だけで天下が獲れた訳もないのだ。

「人の一生は、重き荷を負ふて遠き路《みち》を行くが如《ごと》し――」より始まり、「――おのれを責めて、人をせむるな。及ばざるは過ぎたるより勝れり」で止める家康の遺訓であるが、こ

の一文に接する度に、一言を加えたくなる。

家康を代表するイメージの「忍耐」も、部分的には必要であったろうし、今ひとつの「律儀」も、安全装置として不可欠だろうが、エネルギーの専らは「積極果敢」。

戦国武将の性癖をシニカルに絞り込めば、一面は「大量殺戮者」である。

鳴くまで待ってなどいられようか。

合戦中の家康は「かかれ！　かかれ！」の絶叫とともに、拳《こぶし》で鞍《くら》を叩き続け、血だらけにした指先にタコをつくったと伝わる。

この人物の、鼻毛を抜きながら説く「人の一生は――」に騙《だま》されてはならぬ。

今なお我々は家康の術中に嵌《は》まっているのではないか。

家康の指す「人の一生」とは、人質として命をキャッチボールされた幼年期が人格形成の原点で、動物的に生き残ることがスタートの主眼となり、続いては失敗と挫折《ざせつ》の連続で、とてものこと「重荷」なんぞという形容では済まないぐらいの凄まじさなのだ。

今川と織田に挟まれた東海に本拠を置いた松平（徳川）は、既に存在自体が危うかった。

父は、松平家存続の方策として六歳の家康（竹千代）を今川に人質として差し出したが、移送の途中、織田方に拉致《らち》されている。

織田方へと家康の身柄が移ったとき、もし面会の機会があったとしたら、この時信長、十四歳。

キャッチボールはなおも続いて、人質交換によって家康ボールは今川のグローブの中に落ち着くが、義元が桶狭間《おけはざま》で信長に討たれる迄の十三年間は「遠き路」の、まだ途中。今川勢が混乱する中、我慢の糸が切れ、律儀の蓋《ふた》が開いたか、家康は断りもなく岡崎へと帰ってしまう。

この大博奕《ばくち》に近い決断は、拳を血だらけにして鞍壺《くらつぼ》を打つ家康の一面が重なる。律儀に今川へと戻っていたら、のちの徳川どころか、とっくに信長に滅ぼされていた筈だ。

信長との同盟で命脈を保ちはするが、荷は重いまま、路いまだ遠し。

家康の籠《こも》る浜松城に武田信玄の四万三千の大軍が迫る。対する家康軍、わずか八千騎。籠城《ろうじょう》を決め込んでやり過ごすこともできたのに、律儀に打って出て三方ヶ原《みかたがはら》で惨敗。家康は一騎で命からがら城へと逃げ帰り、部屋の一隅で爪《つめ》を噛《か》みながら全身を震わせていたという。

こはならじ、主の従への示しがつかぬとでも咄嗟《とっさ》に考えたか、「この姿、写せ」とマイナスをプラスに転じて、今に遺したのが「顰《しか》み」の像である。

苦渋は家康の身体にへばりついて離れない。

謀反を企《たくら》んだと、妻、築山《つきやま》殿と、長男、信康への信長よりの殺害命令も飲み下す。

右の一件は重臣、酒井忠次のヘマによるものらしいが、後年、その忠次の長男が死んだ際、嘆くその耳元に「長男が死んだが、さほどに悲しいかや？」と吹き込む執念深さ。日頃より「家臣が宝」と、胸を張った家康の背中に拡がる敬愛される為のストレスによる数多の吹き出物。

信長と秀吉の弱点と失敗を学習して、「重き荷」を慎重に下ろす家康のシルエット。

「遠き路」の先はようやく見えた。

徳川の存続は、子孫達の血の中に込め、システムに委《ゆだ》ねようと鉛筆の先を舐《な》めながら考える。

他にないか？

そうだ。遺訓だ。

かくまでも複雑な思考回路を持つこの人のいう「人の一生は重荷を――」である。

先に書いた遺訓に加えたい一言とは、家康が笑いながら飲み込んだであろう「なあんちゃって」、である。

（とくがわいえやす）1542―1616◉三河国（現・愛知県）岡崎の一地方豪族の息子として生まれる。織田信長、続いて豊臣秀吉に臣従しながら戦国時代を生き、ついには関ヶ原の戦いで覇者となり、1603年には征夷大将軍に任じられ江戸幕府を開く。二年後には息子・秀忠に将軍職を譲り駿府（現・静岡市）に隠居するが、その後も政治的・軍事的影響力を保持。没後は東照大権現として神格化され、信仰の対象となる。

【徳川家康】 イエヤース、orノー

敵は本能寺にあり
光秀
ILLUSTRATED BY
H.KUROGANE

【明智光秀《あけちみつひで》】魔の、刻《とき》の刻《とき》

「本能寺の変」を現代の殺人事件に見立ててみる。

聞き込みによって、若い刑事は事件前にホシが「敵は本能寺にあり」と叫んだという重大証言を得る。

すぐさまに老刑事が反論する。

「ホシは慎重な男だよ。直前に犯行声明を出すようなヘマはしない筈だ。襲撃計画は極秘《ごくひ》裡《り》に進められている。知っていたのは一握りの上層の共犯者だけだ。犯行に加わった末端の者達は襲撃対象すら報《しら》されないままに現場へと向かっていたんだからな。一味の中の〈本城惣右衛門《ほんじよそうえもん》〉という男がのちに事件に関する証言を書き遺している。襲うのはてっきり家康だと思ったというんだ。ガイシャ側に動きを察知されたらお仕舞いだと襲撃側は、移動を目撃した町民、農民をことごとく殺している程だからな。それが『敵は――』なんて、言う訳がないじゃないか」

話し終えた老刑事が若い刑事に尋ねる。

「で、動機は摑《つか》めたかい?」

若い刑事は可能性のある動機を並べてみせる。
①怨恨《えんこん》説
②野心説
③将軍黒幕説
④朝廷黒幕説。
続けようとする若い刑事を遮《さえぎ》って、「事件後にホシが細川藤孝《ふじたか》親子に送った手紙は読んだのか?」と老刑事。

「『我等不慮の儀、存じ立て候事』って、ヤツですか?」

「『我々は思いがけないことをやってしまいました』とゲロっちゃってんだ。動機はコレだよ。それを裏付けるのが、備中《びっちゅう》出陣のため、鉄砲の玉薬以下、長持《ながもち》など約百個の荷物を西国に送ってる事実だ」

若い刑事が不満顔で言う。

「アリバイ工作ってことも……」

「ふん、その弾薬はそっくり秀吉へのプレゼントになるんだぞ。計画的な犯行なら、敵に塩どころか、弾薬を渡すとは大馬鹿野郎だ」

刑事の出番はもうよいであろう。

光秀の側には完全武装の一万三千の兵が、かたや信長にはわずか百五十人足らず。何日も漂流の末、流れ着いた孤島で、眼の前を全裸の美女が通り過ぎていく。多くの男はみさかいなく飛びつくであろう。

光秀も飛びついた。

計画や理屈や、後先を考えた行動ではなく、隙があれば突く戦国武将の反射的習性が行動に結びついた。

「不慮の儀」とは「魔がさした」ということだろう。

世界に暗殺事件は多いが、「本能寺の変」ほど体制全体に影響を与えて、ひっくり返した例はない。

二大暗殺事件、シーザーとケネディのケース、ですら、その死によって国全体の行政機構が乱れることはなかった。

「本能寺の変」は違った。

絶対的リーダーである信長と、その跡継ぎである信忠が同時に消滅したのだ。

奇跡的といえるリーダーの瞬間的消滅は、以後の我が国の歴史に大いなる影響を与えた。

その後は秀吉から家康へと政権は移り、特に徳川三百年の治政は日本人のココロの背骨を形成した。

あの時の、魔がさした光秀の決断が我が国のその後を変え、もちろん世界も変化させた。

「ｉｆ」の領分とはいいながら、これ程の大事件であれば、時を「本能寺の変」の前に戻してみるのも一興だろう。

織田幕府ができていた。

長男信忠は徳川の秀忠よりも優秀であった。

能力差がすなわち継続に繋がるという保証はないが、自らの崩壊という点では前者よりも可能性が高かろう筈はない。

その後のクーデターの可能性も、徳川幕府ですら十五代を数えているのだから、存続は織田幕府ならそれ以上ではないか。

未来の織田幕府をも含めた信長から延びるライン上の一点。

つまり、「本能寺の変」の起きた六月二日というチャンスは、その後のラインを消す、刻《とき》の刻《とき》。

二度とない、千年に一度程の、魔の刻であったといえる。

そこを、光秀は突いた。

未来を考えたかは知らねども、この機を逃さなかった光秀は見事なセンスの持ち主とはいえまいか。

勃発後の指摘される光秀の不手際など、いっそよくやったと誉《ほ》めてやるべきで、公（暗殺）を優先させた結果、私（天下獲り）がおろそかになったのは、まさに魔の刻に身を置いた者にしか判り得ない闇の話で、約四百年後の今を良しとするならば感謝を、悪《あ》しとするならば非難をすればよいのだが、いずれも「ｉｆ」の刻の刻の中。

（あけちみつひで）生年不詳―１５８２◉美濃源氏土岐氏支流の家系・明智氏に美濃国で生まれたとされる。斎藤道三に仕えるも、道三が義龍に滅ぼされてからは、越前・朝倉氏に仕えた。朝倉義景を頼り越前に逃れた足利義昭を信長につないだのが光秀で、以降、織田家の重臣として各地を転戦。本能寺で主君・信長を討つが、わずか十一日後、山崎の合戦で秀吉に敗れ、あえなく最期を遂げる。

信長に対し二度目の謀叛
信長
安土城
弾正
多聞丸
DANJO MATSUNAGA
ILLUSTRATED BY
H.KUROGANE
WELCOME TO THE WORLD OF LAUGHTER
H.Kurogane

【松永弾正《まつながだんじょう》】信長を二度も裏切った人生の演出家

平伏する松永弾正を信長が家康に紹介する。

「これなるが、あの松永弾正でござるよ」

信長があのと念を入れなくても、当然に家康は弾正の噂は耳にしている。

弾正を見下ろして信長が続ける。

「この老人、人のようせぬことを三つ迄やりおった」

三つともに家康は知っている。家康ならずとも下々迄知っている程に有名だったろう。

三つとは、十三代将軍足利義輝《よしてる》を攻め殺した一件。

主筋である三好家への謀反の一件。

東大寺に陣取った〝三好三人衆〟を攻めた際に大仏殿を焼き払った一件。

信長は三つと数えたが、まさか自らを巻き込んでのちに四つ、五つと増えるとは、この時点では露ほども思わない。

この信長の発言を弾正が恨みに思ったとの解釈もあるが、なに、三つを成した程の梟雄《きょうゆう》がほくそ笑みこそすれ、不満になぞ感じるものか。

言葉の裏に信長が「たいした男よ」と一目置く気配が家康にも伝わる。

「これが、あの、松永弾正」

下克上の代名詞にして希代の梟雄松永弾正は異なる分野でも信長に一目置かせている。

上下を問わず殺しまくった鬼面の裏に博識にして教養人の顔を隠している。

和歌、連歌、茶、美術品鑑定、建築のそれぞれの分野で戦国期きってのクリエイターの才を見せる。

石垣と白壁の上に四層の天守閣を構えた日本初の城郭「多聞山城《たもんやま》」は弾正の作。

信長の安土城から遡ること十六年の昔。

信長の城は弾正のこれを真似た。

弾正の才覚は武力と芸術面に留まらず、南蛮貿易に眼を向け、堺の商人達とも盛んに交流するなど政治的センスも抜群。個人的には柳生石舟斎《やぎゅうせきしゅうさい》と親交を深めるなど、人間的魅力にも富んでいたという奇跡のような人殺し。

人殺しの芸術家の業績をなぞり真似てスケールアップした巨大な絵を描いたのが信長ともいえるが、弾正は予測性、決断力でも天才振りを発揮する。

上洛《じょうらく》した信長の前に我が身の角《つの》と牙《きば》に、名物茶器「九十九茄子茶入《つくもなすちゃいれ》」を添えて拍子抜けする程に恭順してしまう。

弾正の人智を超えたこのセンスは、中世の賢人のいう「メメント・モリ」（常に死を想え）や実存主義を突き混ぜた弾正流死生観の裏付けあってのものだろう。

信長が数えた三つに更に一つを足すチャンスがやってきた。

信玄上洛の報に接するや、梟雄の面目躍如、角を出し牙をむいて信長に謀反。

ところがどっこい計算外の信玄急死の大ピンチも、信長がぞっこんの「多聞山城」の召し上げで窮地を脱する。

正体を知られては、もはや角と牙の隠しようもなく謙信上洛に呼応して性懲りもなく二度目の謀反。

天が弾正を見放したか信長に味方したか、謙信は引き返してしまう。

この老人、人のようせぬことの、なんと五つ目をやりおったが意外にも信長は許すという。

条件として弾正所有の名器「平蜘蛛釜《ひらぐものかま》」を差し出せば命は保証するという。

今となっては信長の本心は判らないが、弾正のセンスが選んだ答えは「もはやこれまで」と城に立て籠り、件《くだん》の釜に火薬を詰め天守もろともに爆死する派手な幕引き。

釜との交換で許す気でいたとしたら、信長のセンスは異常である。

臣下の謀反を二度まで許してしまっては、いっかな下克上の世とはいえ、他にしめしがつくまいが、それ程までに弾正の才覚を買っていたのか。

弾正の中に、不条理の世を渡る自分の生き写しを見て、「老人、またやったか」と笑ったのか。

弾正程の先読みの天才が「もはやこれまで」と断じたのだから信長は殺す気だったのだろう。信長が笑ったとすれば、「喰えぬ男よ、よく判ったな」と燃え上る天守を仰ぎ見ながらだろう。

喰えぬ男は死んだあとも信長に、尻を叩くような仕掛けを遺した気配なのだ。

一説には、弾正の身体とともに木《こ》っ端微塵《ぱみじん》に吹き飛んだとされる平蜘蛛釜は太平洋戦争末期まで柳生家に伝世したという。

弾正の京の仕上げが今少し早く、信長の上洛が遅ければ、二者の立場が逆転していた可能性はゼロではない。

戦国期のクリエイターは数あれど、全方位にその才を発揮した頂点に松永弾正は立つ。

今一人が織田信長という刻の皮肉。

演出家としても二人に遜色《そんしょく》はない。

【松永弾正】信長を二度も裏切った人生の演出家

（まつながひさひで）１５１０―１５７７◉別名、弾正（だんじょう）。三好長慶の麾下頭角を現わした大和国の戦国武将。長慶の死後は、将軍・足利義輝を暗殺し（永禄の変）、畿内地方で絶大な勢力を誇ったが、織田信長上洛後は、これに恭順。金ヶ崎の戦いでは、信長の窮地を救うなどするが、のちに信長包囲網が形成されるに及び、一度ならず二度までも信長に謀反した。

わが命三成にくれてやる
大谷刑部少輔吉継
ILLUSTRATED BY H.KUROGANE 2010

【大谷吉継《おおたによしつぐ》】大谷、GO！ GO！

関ヶ原に参戦した武将の中で、大谷吉継の人気は今も昔も一番であるらしい。

東西両軍合わせて十五万の将兵が対峙《たいじ》した天下分け目の「関ヶ原合戦」を、別の角度から見ればその多くが「保身」と「利害」とを天秤《てんびん》にかけた美醜の闘いともいえる。どっちの陣営につけば得か損か。

当然そこには日和見や裏切りが横行する。

吉継は勝算を度外視し、覚悟の上で石田三成との友誼《ゆうぎ》を選び「義」の為に西軍につく。

戦さに臨んだとき吉継は重度の皮膚病から視力をほとんど奪われ、歩行すら困難、馬にも乗れない状態で、竹の輿《こし》に乗っての采配《さいはい》となった。

白絹《しらぎぬ》の袋頭巾《ふくろずきん》で顔を覆《おお》い、衣に墨で鎧《よろい》の絵を描かせて戦場に臨むというダンディズム。

諦観《ていかん》の先に見える典雅ともいえるニヒリズムの景色が、熱い「義」のパッションに支えられているというのだから文句のつけようがない。

石田三成とは八歳の頃から「平馬《へいま》（吉継）」「佐吉（三成）」と呼び合った竹馬の友であ

る。

群を抜く智略、武略の持ち主に成長した吉継は、家康との闘いの決意を三成から告げられて、時代の流れは既に利あらずと説得するも友は聴く耳を持たない。

吉継は、「お主はへいくわい（生意気）ゆえ、人望がない。更に経験も、財力も、兵力も、つまり闘いの資格が何もない。家康に負ける」と説得を続けるが三成の決意は変わらない。

友の罵詈《ばり》雑言《ぞうごん》にさすがに鼻白んだが、三成には、かたくなに信じる「義」あるのみ。

「友情」という概念が、いまだ発芽していない時代である。

事ここに至って吉継は絵にある言葉を口にする。

「我が命、三成にくれてやる」

かつて秀吉をして「吉継に百万の兵を預けて指揮をとらせてみたい」と言わしめた男の命である。

その命を家康も我が陣営へとしきりに勧誘してくるが、吉継はこれを拒絶。

かくして西軍の作戦参謀を引き受けた吉継は、勝利への策を懸命に模索する。

結果、東軍の多数の武将を籠絡《ろうらく》してなんとか兵のバランスを整える。

研ぎ澄まされた吉継の予測性は、小早川秀秋の裏切りまでも見透かし、彼の陣取る松尾山のすぐ下に布陣する。

不測の事態には旧知の間柄の、脇坂、朽木《くつき》、小川、赤座の兵とともに応戦する腹づもりであったが、頼りとするこの四武将すらも裏切るという万事休すの展開に、さすがの吉継も敗北を悟る。

十重二十重と吉継の本陣を敵兵が囲む。

決死の突撃を覚悟した家臣達は眼の見えぬ吉継の前に進み出て、姓名を名乗ったのち次々と敵中へと消えていく。

家臣もまた「我が命、殿に捧《ささ》ぐ」。

義の連鎖。

ここに大谷隊、全滅。

逃亡する西軍武将の中にあって、唯《ただ》一人自刃して果てる覚悟の総仕上げ。

とてもではないが真似できないというよりも、真似などしたくないからこそ仰ぎみての今日的人気なのである。


関ヶ原合戦から遡ること数年。

茶席にある吉継の病いは進行していたが、まだ視力は残されている。

茶碗が吉継の前に運ばれる。

手に取ろうと前屈《まえかが》みになったとき、南無三、顔面の病魔のひと滴《しずく》が茶の中へと消えた。

不覚、と瞑目《めいもく》する吉継は針の筵《むしろ》の心境であったろう。

茶碗が次席の三成へと回される。

三成は平然としてこれを口に運んだ。

のちのち迄この時の三成の対応に感激した吉継が西軍参戦を決めたというのだが、後世のつくり話の匂いがする。

他の吉継の胆力の逸話との整合性を失う。


進行する病魔を止める為に、或いは治癒を願かけた吉継が夜な夜な千人斬《ぎ》りの為に辻《つじ》に立ったという一件も眉に唾《つば》して聞く話だろう。

一人として脱落者を出さずに全滅した大谷隊が反証である。

また、名前の「吉継」が「吉を継ぐ」、すなわち秀吉の子であったから右の千人斬りの罪も不問となったという話に至っては、面白くするのもいい加減にしてチョウダイである。

「関ヶ原合戦図屏風《びょうぶ》」(彦根・井伊家)に描かれる大谷吉継の陣所だけが、この世のものに非《あら》ざるが如くに宙に浮いて見える。

徳川方の絵師の筆をしても吉継は別格に描きたかったのだろう。

当時から今日に至るも、これだけ大谷吉継が好まれる理由《わけ》は、彼の物語の中に、きっと日本人的美意識の特性が潜んでいる為である。
円高で輸出が困窮する今、吉継のエッセンスこそ輸出するべきと考えるのだが、はてさて、在庫のありやなしや。

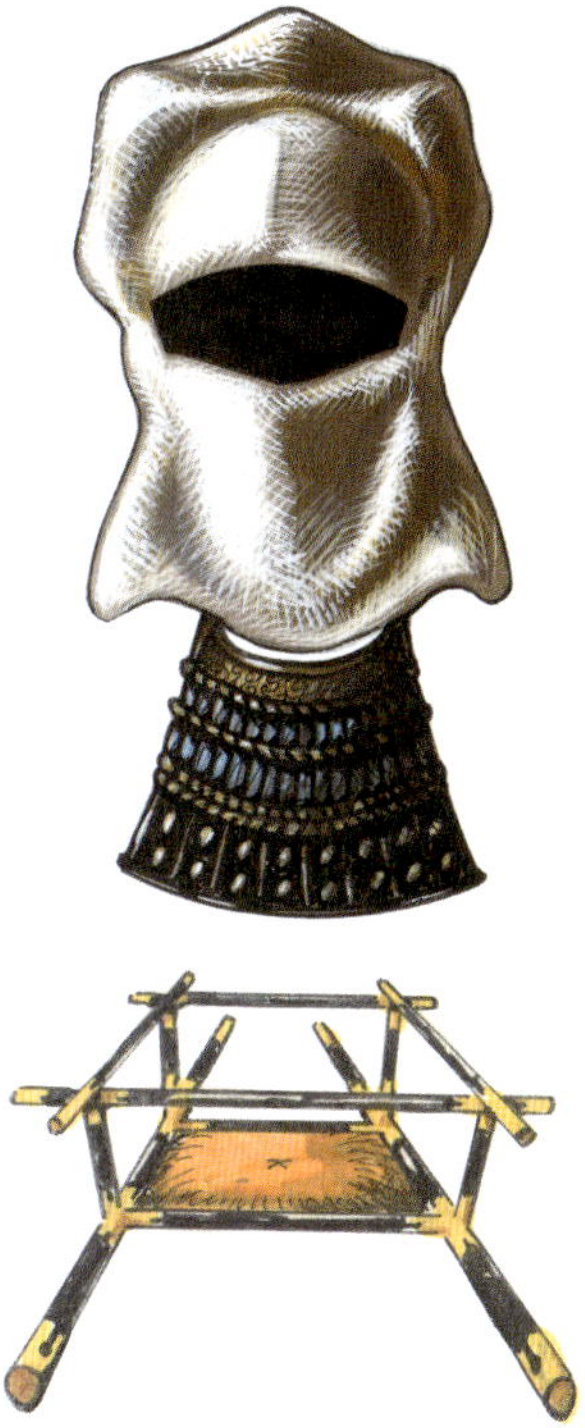

（おおたによしつぐ）1559―1600◉正確な出自は不詳。若くして豊臣秀吉に仕え、賤ヶ岳の戦いでは近臣として石田三成らとともに勲功を立てる。越前敦賀城主として五万石を拝領。秀吉の朝鮮出兵では船奉行・軍監として活躍。秀吉亡き後は、徳川家康に近づくが、石田三成との友誼から関ヶ原の戦いには西軍の首脳として参戦。小早川秀秋軍をはじめ脇坂・赤座軍らの寝返りにより敗れる。

【大谷吉継】 大谷、GO！ GO！

石田三成
内府（家康）ちがひの条々
ILLUSTRATED BY
H.KUROGANE
2010
WELCOME TO THE WORLD OF LAUGHTER
H. Kurogane

【石田三成《いしだみつなり》】石田三成裁判

豊臣家にあっても武断派からは「奸臣《かんしん》」、徳川方からは「佞臣《ねいしん》」、合わせて後世は石田三成を「佞奸《ねいかん》の臣」のイメージで見るようだ。

西軍をまとめる際に大谷吉継が三成に言ったという、「お主は口の利き方が横柄ゆえ、人の反感を買うのだ」との忠告が動かぬ証拠になったものと思われる。

他に、利休亡きあと、三成がその未亡人と娘とに、蛇責めの拷問を——などと知ると、陰湿な性格だったんだな、となる。

先は直る見込みがあったればこその吉継の忠告で、三成の一面性であろうし、そうであっても、彼を慕った者の数は多い。

後は真偽の程も含めて事実関係は不明。

状況証拠のみで、立証するに足る物的証拠は乏しい。

関ヶ原の戦いの時、西軍方の武将達との意思の疎通において、粗雑のきらいは否定できないまでも、あの決起に対して「佞奸の臣」はないであろう。

豊臣家にとっては紛れもない「忠臣」であった。

状況も物的も刺し貫いて、石田三成の筋は通っている。

「筋を通す」或いは「筋が通らない」という場合の「筋」とは、ある種の価値観によって、ヒトがイメージの中に完成させた「道」である。

以上の定義だけでは「筋を通さないという筋」も、筋肉の中の変種の一本として混じり込んで、劣性の部に属する筈の「逃げる」「裏切る」なども、「一旦事あらば、逃げると決めておるのだから、筋を通して逃げたのだ」なんぞという輩《やから》も現われる。

「筋」には他のナニカの成分が加味される。

恐らくは、凜《りん》としたモノ、美しいカタチであろうが、この「凜」や「美」の解釈も底辺部にグラデーションがかかっている。

石田三成が生きた時代には、多くに支えられた「人の道」「漢《おとこ》の道」の存在が許されたようである。

よく観《み》せる役者には、よく観る観客が必要である。

甲冑《かっちゅう》の音と軍馬の嘶《いなな》く霧の中から三成の声が聞こえる。

「観客など不要！　我らおのれの筋を通すのみ、さらば！」

お釈迦《しゃか》様の、「犀《さい》の角《つの》のようにあれ」という絶対一人の心境に立ち至ることができなければ三成は理解できない。

いざ、三成をよく観る観客になってみよう。

まずは、「大一大万大吉」の旗印。

〈天下のもと、一人が万人の為に、万人が一人の為に命を注げば、人々の暮らしは吉となり、太平の世が訪れる〉

旗の字句に、高邁《こうまい》な三成の思想性を読む。

三成を飾る「三献の茶」、「処刑直前の柿の話」なども眉に唾したい。

話の底に、三成に小賢《こざか》しいレッテルを貼る企みが沈殿していはしまいか。

敗者の側に正当性がある場合、勝者の側がその証拠を糊塗せんと、暗色の泥で上塗りすることは世界史の常識である。

先に掲げた「利休切腹」の顚末《てんまつ》と「関白、秀次切腹」の黒幕説とが、三成を〈佞奸の臣〉としてまことしやかにする二本柱である。

石田三成裁判
裁判長「被告、石田三成は以下の二件によって起訴される。千利休と豊臣秀次両名の切腹に関わる陰謀である」
弁護人「裁判長！　双方ともにのちの徳川の世の捏造《ねつぞう》であり、なんらの物的証拠もないのであります」
検　察「被告の悪評は秀吉在世より囁《ささや》かれていたのであります」
弁護人「秀吉のヘマを全て肩代わりした被告の自己犠牲によるものであります」
検　察「裁判長！　利休処断後、妻宗恩と娘を、蛇責めの刑にしておるのです」
弁護人「あいや！　それこそが悪意を持った風聞の証拠でありまして、利休の妻が後年まで生きながらえていた事実をなんとしょう！　なんとするか!?」
検　察「で、で、では！　あることないこと秀吉の耳に吹き込んで、秀次を切腹に追い込んだ三成の陰湿な〜」
弁護人「ふん、その陰湿な男が、秀次の娘の命を救い、かつまた秀次遺臣を召し抱えるものでありましょうか」
検　察「ゲゲゲ！　ホンマかいな〜」
弁護人「関ヶ原の戦いに於いて、〝義に厚い〟武将達、つまり大谷吉継や真田昌幸などが西軍に集結している事実が、三成佞奸の臣説を否定するものであります」
裁判長「本件は、証拠不充分によって、無罪。これにて閉廷」
今の世も、一面のみの情報から全体の景色を決めがちだが、歴史に学ぶ者も、また遊ぶ者も、心したきものである。

（いしだみつなり）１５６０―１６００◉近江国（現・滋賀県）で土豪の息子に生まれる。秀吉が長浜城主となった頃から仕え、その側近として台頭。目立った武功はないが、合戦前の敵情報の収集や戦闘部隊の移動を支援し兵糧・武器などを輸送・補給する任務、戦乱で荒廃した町の復興、そして検地など、有能な実務派奉行として秀吉の躍進を支えた。秀吉の没後、五奉行の筆頭として豊臣政権を主導するが、関ヶ原の合戦に敗れ斬首。

武田信玄
人は城
人は石垣
疾如風徐如
掠如火不動如山
ILLUSTRATED BY
H.KUROGANE
WELCOME TO THE WORLD OF LAUGHTER
H. Kurogane

【武田《たけだ》信玄《しんげん》】信玄勝負

――人は城――

好きな武将のタイプ、と言ってみたところで、道程の欠落した結果の羅列と、他人のイマジネーションに力を借りた接続詞から導き出されたものだから、何程の説得力も持たない。

いかなるタイプでも側《そば》にいられたら迷惑だろうしひたすらに恐いだけだろうが、他の武将達とは少しく違うかのような錯覚を、武田信玄は与えてくれる。

信長や秀吉（晩年の）や家康は、それぞれの個性によって恐くて側にいられたら迷惑を通り越して失禁してしまいそうだが、領民や、他国を渡り歩く商人や、僧侶などに優しく接したと伝えられる信玄だけは、少々の粗相ならお目零《めこぼ》しがありそうな気がする。『信長公記』によると、甲斐《かい》に立ち寄った矢沢なる僧は、「ぜひ、ぜひ」と信玄にせがまれて、信長の好んだ小唄を歌わされている。

情報収集の為の手練手管ではもちろんあっただろうが、他人を惹《ひ》きつける信玄の人間的魅力が仄《ほの》めく。

恐らく、信玄は戦国武将の中にあって、一番の勉強家であった。幼少時、病弱だった為に、ひたすらに本を読んだようである。四書五経を読破。

有名な「風林火山」も、孫子の言葉の略語だが、この辺りは入門編の類《たぐい》だから、信玄の知をもってすれば物足りなさを感じるが、この文字の判り易さに目をつけて軍旗に採用したのだろう。

学問に遠い兵卒への信玄からの綱領のような、メッセージとして利用した。

この一面だけでも信玄のコピーライター的センスが判る。

センスは他のジャンルにも及んで、治水事業として今も遺る信玄堤、その他インフラ整備、農地開墾、金山開発、甲州三法、甲州流兵法、おまけにアイデアとしての信玄袋と信玄弁当。

軍略、戦略に通じ、最強にして無敵と謳われた「武田騎馬軍団」を率いての領土拡大には全くに不安がない。

先の〝矢沢〟の如き受動的情報収集は元より、諜報《ちょうほう》活動、すなわち〝忍び〟の能動的な活用にも先駆を成している。

――人は石垣――

武田二十四将というが、自らを将達の上には置かず、その中に数えている。

厳格な国内法を施行する際は「違反すればこの信玄も罰せよ」と別扱いにはしない。

ただひとつ、哲学と科学の人であった信玄にして、何故に「易学」かと片眉が上るが、どうやら士気を鼓舞する気合いとして利用した節がある。

これ程に優れた信玄が、何故に天下に遅れたか。

学問をし過ぎたのではなかろうか。

例外はあろうが、知識の獲得は予測性を高め人を謙虚にするから、調和をはかろうと周囲の意見を聴き過ぎて慎重になり、万事に於いて行動が鈍重になる嫌いがある。


——人は堀——


更に、信長、秀吉、家康達、成り上りとは違い、源氏よりの名門意識ゆえに、つい発想が保守的に傾き易く、結果、先祖伝来の甲斐という土地に縛られた。

〝川中島の闘い〟など、こだわり過ぎで、同様の美意識を持つ謙信と、ガップリ組んでいるうちに信長に先行を許したとはいえまいか。

信長からすれば心底恐れているのは信玄と謙信なのに、その二人が領国から動かないのだから好都合であった。


——情は味方——

あと十年長生きしたら天下が獲れたといわれる信玄だが、死はそれを許さなかった。

信長的なものは秀吉に受け継がれた。

死後、武田は滅亡したが、信玄の施政方針は家康にバトンタッチされた。

信長の〈武田の家臣の召し抱え禁止令〉にもかかわらず、家康はその兵法を採用し多くの武将達を家臣とした。

三百年続くことになった江戸幕府の政治経済の施政方針の元は、信玄の様々な政策をスケールアップしたものであった。

武田軍は、武士一に対して足軽九の構成であったという。

足軽のほとんどは農閑期の出稼ぎの兵、すなわち「農民徴兵」であったが、信長の兵は「傭兵《ようへい》」であった。

田畑を持たない傭兵は季節を問わぬ転戦が可能だが、徴兵された農民は自分の土地に帰らなくてはならない。

生涯を、甲斐という領土を中心に行動を考えた信玄は、尾張清洲――美濃岐阜――近江安土と、屈託もなく本処地を移す信長に比べて、古典的な側面を色濃く残した武将であったといえる。

――仇《あだ》は敵なり――

（たけだしんげん）1521—1573◉甲斐国の守護・武田信虎の嫡男として生まれる。1541年、信虎を追放して家督を相続。甲斐本国に加え、戦を重ね隣接する信濃、駿河、遠江などに領地を拡大。織田信長包囲網を構築ののち上洛を目指し西上。三方ヶ原で徳川・織田連合軍を破り三河へと侵攻するが、その途次に持病が悪化。甲斐に戻る途中に死去した。

上杉謙信
四十九年一睡夢
一期栄華一杯酒
毘
龍
ILLUSTRATED BY
H.KUROGANE
WELCOME TO THE WORLD OF LAUGHTER
H.Kurogane

【上杉謙信《うえすぎけんしん》】謙信的、美

帰結するところが天下統一でも、過程に於いては戦国武将達の当面の獲得目標は「利」であったが、謙信唯一人、異なる「信」と「義」の価値観を引っ提げて、彼らの前に立ち塞《ふさ》がった。

武将達も「信」と「義」の要素が皆無という訳ではなかったが、局地的な使われ方で、いずれもささやかな小事であったから、奇妙なカタチの謙信の影にはさぞや面喰らったことであろう。

通常なら群と異なる孤立した価値観は、すぐさまに撲滅されるであろうが、謙信の場合は違い過ぎた為に、近寄り難い高みにまで浮き上った。

敵である信玄をして息子に「死後は謙信を頼れ」と遺言せしめる程に、浮世離れした存在であった。

他を圧する謙信のこのセンスは、幼年期の禅寺での修行に求められる。

謙信は僧衣を脱ぎ捨てたのではなく、そのままに鎧を重ねた。

信玄は鎧の上に僧衣を纏《まと》った。

信長は禅僧、沢彦から知識のみを抽出して頭脳の糧《かて》とした。

謙信の掲げた「信」と「義」は、時代と文化を超えた。

普遍的な美しさであるが、凡俗にはとてものこと、遠い景色に見える。

無垢《むく》に近い幼年期に刷り込まれたからこそ、謙信は「信」と「義」に寸毫《すんごう》の疑いも持たずに済んだ。

謙信の凄《すご》さは「信じ込んだ」単純さにこそある。

自らを北の守護神「毘沙門天《びしゃもんてん》」の転生と信じるなど、普通ならできない。

誇大妄想が他に向かうと眼も当てられないが、「信」と「義」への進路が、謙信を今の時代にも美しく見せる。

生涯を妻帯しなかったことから、「謙信〝女〟なり」の説を立てようとする向きがあるが、「婦人病にて――」の誤記を唯一の頼りに、苦し紛れに腑におちたいが為の凡夫の発想だろう。

不能説に至ってはお里を疑う。

北条の小田原城を囲んだ折は、矢弾《やだま》の中を城門の前まで進み、そこで弁当をつかい、茶を三杯まで喫したという。

毘沙門天だと思い込んでいなくばできぬことである。

三万と五千の大軍に囲まれた友軍の城へと救援に向かう際、とり敢《あ》えずと将自ら、わずか二十三騎の供を従えて敵軍の中を駆け抜けた。

謙信は、毘沙門天であったやもしれぬ。

「義」の為に闘う主《あるじ》の真意が理解できない家臣達が欲望むき出しに小競《こぜ》り合うを見て失望した謙信は突如として出奔する。

こけつ転《まろ》びつ謙信の後を追い、寺に立て籠《こも》る主に翻意を懇願し、事なきを得ている。

謙信は、毘沙門天だった気がしてきた。

ただ一騎、信玄の陣中に大将自ら馬を乗り入れて斬りつける。

謙信は、きっと毘沙門天だったのだ。

毘沙門天は酒を好んだ。

食事もせず、ひたすらにアルコールの薬理効果にしなだれかかった。

人にあらぬ毘沙門天にして、なんの鬱屈《うっくつ》か。

「四十九年、一睡夢　一期栄華　一杯酒」

〈四十九年の生涯は、一瞬の夢のようなものであった。栄華は一杯ほどの酒に等しい〉との辞世の句を遺して、毘沙門天は消えた。

謙信と関《かか》わり合ううちに、「妙じゃ、何か違う、何処《どこ》か違う」と、信玄は太い首を傾げたのではないか。

たまらず二十四将の一人が問う。

「謙信、不思議の訳は？」

主の立場上、笑いながら「おぬし達には判らぬであろうのう」と、余裕を見せてはみるものの、実のところ信玄にも不思議な謙信であった。

同様に疑問符を頭上に浮かべて、信長も贈り物などしながら謙信を避けまくる。

謙信麾下《きか》の二十五将の面々にも、理解の外の不思議の大将ではあったが、身近にいる分、判らぬということが判っていた。

ついに謙信の「変」を「変」だと理解した信玄は、息子勝頼に自らの死後は敵に頼れよと「変」なことを言い遺す。

信長は独特のカンで、謙信との価値観の差を感じとっていたようである。

とまれ、戦国の世にあって、奇妙な箇所にある扇の要《かなめ》の如く、変種のイボの如く、同心円の不気味な渦の如く、ブラックホールの如く、謙信は異彩を放ち続けた。

上杉謙信は自らが自らにかけた「魔法」を生涯解くことはなかった。

常人の場合、いかなる「魔法」も長続きはしない。

強力な意志力ともいえるし、強力な単純さともいえる。

「思い込むこと、信じ込むこと」が事を成就させる秘訣《ひけつ》であることを毘沙門天は教えてくれる。

（うえすぎけんしん）1530—1578◉初名、長尾景虎。越後国の守護代・長尾家の家督を継ぎ、やがて越後国を統一。のちに北条氏の勢力拡大に脅かされる関東管領・上杉憲政を援助するために関東へ進出。上杉氏の家督を譲られ、関東管領となり上杉政虎と改名。1577年には手取川の戦いで柴田勝家率いる織田軍を撃破するが、翌年春日山城（現・上越市）で病没。

【上杉謙信】謙信的、美

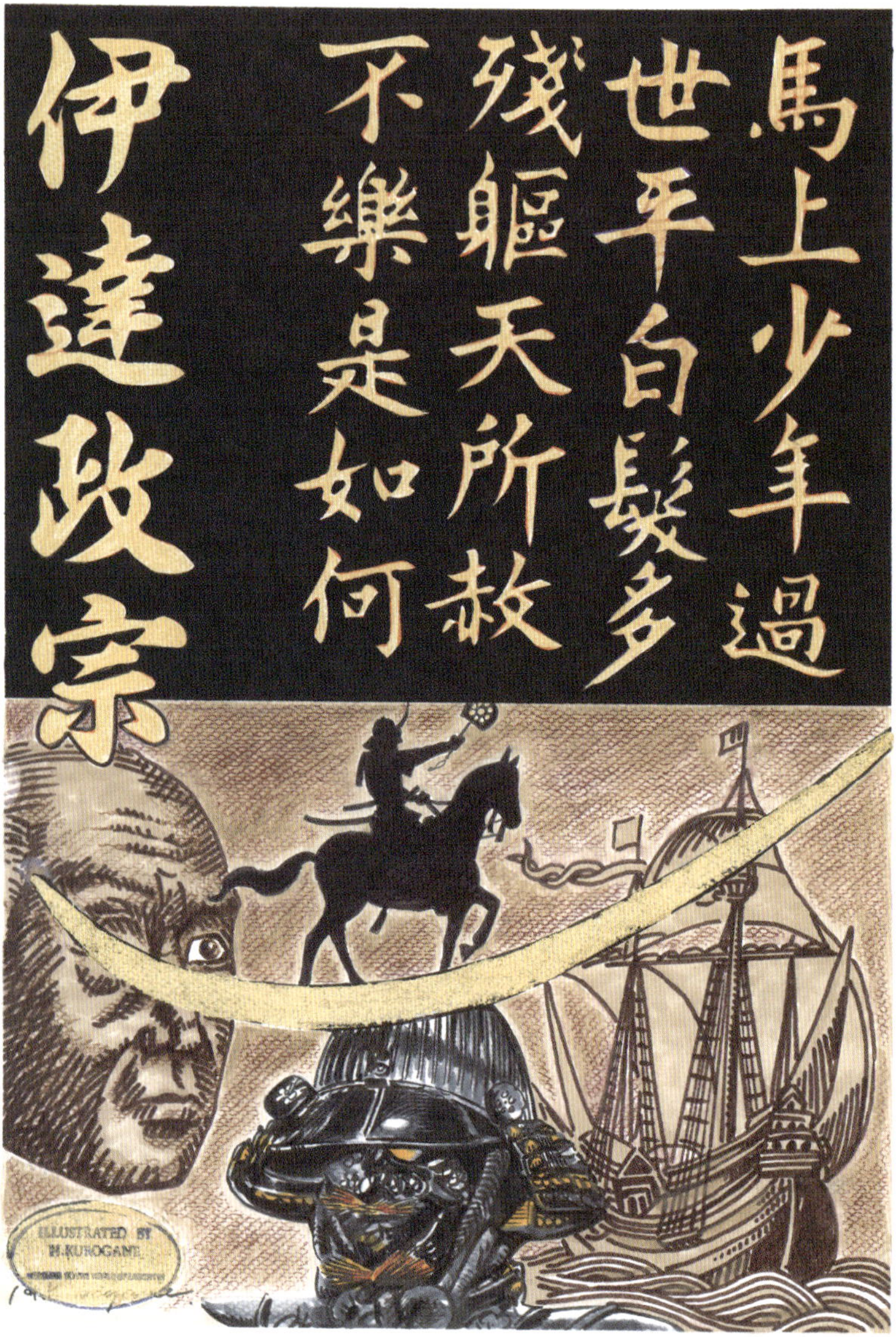
馬上少年過
世平白髮多
残軀天所赦
不樂是如何
伊達政宗
ILLUSTRATED BY
H.KUROGANE

【伊達《だて》政宗《まさむね》】 伊達正夢

直情的で粗野なイメージを、つい戦国武将に対しては持ち易いが、細心にして予測性に富むタイプがほとんどを占めることを、後世の我々は知っている。

予測性が不足すれば、たちどころに我が身と国の破滅だから当然ともいえるが、細心の準備のあとの、行動の派手さによって騙される。

予測性に富む武将達の中にあって、その才の突出を見せるのが伊達政宗である。

突出の仕方が更に派手ときては、他を大きく引き離す。

小田原の陣遅参を秀吉に責められた政宗の、髻《もとどり》を切り白装束で待つ人を喰った対応。

木村領一揆煽動《せんどう》の際は、先の死装束だけでは二番煎《せん》じと考えたか、金箔《きんぱく》張りの磔柱《はりつけばしら》をおまけに付けて秀吉の前に登場。

一揆煽動の証拠の書状を前にして、万事休すの場面での大どんでん返し。

政宗花押《かおう》の鶺鴒《せきれい》の目の穴の話。

事前より二種類の花押を使用するなど、尋常な予測能力ではない。

事態露見後の保管文書への後付け細工と考えなければ、もはや悪魔の所業の範疇にある。

秀吉も家康も、予測にかけてはひけはとらないが、派手さの点では政宗に一歩も二歩も退く。

馬上少年過　世平白髪多　残軀天所赦　不楽是如何

馬に乗り、戦場を駆けるうちに少年時代は過ぎ去って、世の中が平和になった今、頭には白髪が目立つ。残された時間は少ないが、天が与えてくれた余生を楽しまなくて、なんとしよう。

政宗が晩年に書いた詩である。

天下獲りをしくじった悔恨とも受け取れるが、内も外も〝傾奇者《かぶきもの》〟であったのだから、余生はきっぱりと楽しみに重心を移したとする方が政宗らしいとも解釈できる。

おっと、政宗に一杯喰わされるところだった。

「生まれるのが遅かった」とは、よくいわれるところだが、東北という中央への地の利の悪さも政宗の足を引っ張った。

信長との接点こそなかったが、秀吉、家康とは生涯を通じて対峙する姿勢を貫いた。

表層は屈したかのように見えるが、深層では天下統一を果たした二者の心胆を寒からしめ続けた。

父の輝宗《てるむね》が四十一歳の時、才能を見込まれた政宗は十八歳で家督を相続するや否や、その見込み通り、二十三歳までの五年間で奥州全土をほぼ手中にしてみせる。途中、敵もろとも父をも撃ち殺さざるを得なかった〝父殺し〟の試練も乗り越えての領土拡大だったが、中央では既に秀吉が天下統一寸前の状態。

万事休す。

時の運に政宗は見放されるが、反骨は押し通す。

あわや、首が飛ぶと思われた小田原遅参と、一揆煽動の、先の二件に加えての今一件、秀次謀反への関与を疑う秀吉の使者に向かって、「聡明なる太閤《たいこう》殿下にして、資質を見誤られたのであれば、片目の政宗が見抜けなんだは致し方なかろう。それでもいかぬと言うなら、この首、持っていけ」との胸のすく啖呵《たんか》で、またもや秀吉は項垂れる。

徳川の時代となっても〝策謀家〟として、政宗は常に警戒の対象であり続けた。奥州を睨《にら》みながら家康が息を引き取って、徳川幕府は二代将軍秀忠の世となった。

一六一三年。

四十六歳の政宗は、慶長遣欧使節団として支倉《はせくら》常長をスペイン、ローマへと送り出す。当時、世界最強と謳われた無敵艦隊を持つスペイン王に対して、徳川幕府を倒す闘いになった際の援軍要請を、宣教師ルイス・ソテロに託したとされる。

スケールも大きく、あくまでも派手である。

派手さを支えるエネルギーは、ヤンチャ、或いは茶目のココロ。

政宗のココロが、中国の故事の知識、歌の才、茶のセンス、南蛮への関心等々の筋肉に支えられていたことを知って、八月三日という誕生日を重ねるだけの凡夫は、溜息をつくばかり。

そこで、凡夫の茶目返し。

政宗の肩を片倉小十郎が揉《も》んでいる。

「独眼竜あるところ、必ず片倉小十郎の姿あり」と恐れられた主従である。

政宗が小十郎に問う。

「揉み賃、いかほどか」「肩コリ、五十両」

カタコリ、ゴジュウリョウ——カタクラ、コジュウロウ——という夢を見た政宗は、小十郎を呼んで命じる。

「肩を揉んでくれ」

背後に回った小十郎が政宗の肩に手を置いて言う。

「なんと、昨夜の夢見通り」「小十郎も見たか、すると、主従そろうての、はて、正夢でありしか」

ハテ、マサユメ——ダテ、マサムネ。

伊達政宗の辞世の句。

曇りなき　心の月を　先だてて　浮世の闇を　照《てら》してぞ行く

最後まで、人を喰った、派手にして茶目な政宗であることよ。

SANT JUAN BAUTISTA

（だてまさむね）１５６７—１６３６◉出羽国（現・山形県）米沢城に生まれる。父・輝宗から家督を譲られてから、約五年のうちに人取橋の戦い、摺上原の戦いなどで畠山氏、蘆名氏、佐竹氏らを撃破し、奥州の約半分にまで所領を広げる。しかし、秀吉の小田原攻めが始まると、逡巡の末秀吉に恭順。関ヶ原の戦いでは東軍として参戦、戦後は藩祖として仙台藩を立藩、家康から家光まで徳川三代に仕えた。

赤ハ雑ナルココロ也
黒ハ古キココロ也
千利休

【千利休《せんのりきゅう》】ココロ、利休忌

千利休は、芸術家と補佐役の二面の表情を持っている。

今日、何かを見て日本人が美しいと感じる心、すなわち美意識の根幹を確立してくれた恩人が、利休だとはいえまいか。

そこに利休は精神性をも加えてみせた。

利休の、栴檀《せんだん》は双葉《ふたば》より的な子供の頃の逸話がある。

師（武野紹鷗《たけのじょうおう》）に利休が庭の掃除を命じられた際、掃き集めた落葉の少しを見定めたポイントに撒《ま》いたという。

整い過ぎてしまっては、美は輪郭を弱くして隠れてしまう。

利休の視座の特徴は俯瞰《ふかん》性にあり、審美眼と造形のセンスは哲学的な小宇宙を形成し、茶室という空間の中での作法を通して、ヒトの内面に突き刺さる。

茶道と武士道とが、重なって見えたのも当然で、利休が目指したものが、言葉の生んだ不条理であってみれば、武士も商人も階級を超えて、こぞって共通の解放に向かった為である。

織田信長の茶頭《さどう》としてスタートしたこの頃の利休（宗易《そうえき》）は息をひそめ正体を隠している。

信長を観察しながら、心の筋肉を鍛えていたのだろう。

利休が利休的になるのは、秀吉とその弟の秀長を得てよりである。

秀吉との蜜月《みつげつ》時代にあっても、二人の意識の底には不協和音が流れ続けていた。

一方は権力を以《もつ》てその音を直そうとし、一方は絶対的な美意識で組み従えようとした。

軋《きし》む音は、出逢いの瞬間から奏でられ、秀吉の耳には利休の死後も消えなかった。

二人が乾杯の為に持ち上げた盃の甘い蜜の味の底には、苦さが沈殿していた。

何かの拍子に浮かび上ってくる微量の苦さは、かえって甘さを強くする。

一方が切腹を命じ、一方が命じられたとき、攪拌《かくはん》されて蜜は味を変え本性を現わした。

茶の湯と美を媒介として、文化と政治で結ばれていた二人の手が離れる。

可能性としての自らの姿を、秀吉は利休の中に見つけ、利休は秀吉の権力を利用して美の実現を夢想した。

唐物《からもの》が異様に珍重される風潮に、値の高低による美の価値基準を利休が否定して、簡素な道具を愛《め》でてみせたことは、秀吉の側にしてみれば権力否定の嫌味にすら思えた。

のちに罪状のひとつに数えられた茶器を高値で売買したという項目など、後付けの因縁と思える。

反証として、金員を送りつけての茶道具購入依頼に答えて、利休は大量の茶巾《ちやきん》だけを返し、茶は清潔第一と諭した話。

「内々のことは利休に、公のことは秀長に」と、その補佐する持ち場を秀吉は内と外とに分けた。

補佐役とは、間接照明的存在であって、それがないと投射対象自体（秀吉）も光る面を失う。

利休は立派な名を残しはしたが、あくまでもライトは芸術家と茶人としての面に当てられている。

その死の理由は定かではないが、因は政治か文化の何《いず》れか。

理由が文化を選ぶ場合は、補佐役としての責任はない。

「公」の補佐役であった秀長が存命であれば、「私」の役割の利休が兼ねることもなかったが、因が政治であったのなら「諫臣《かんしん》」として、その名を更に高らしめる。

歴史に残る補佐役を古今東西に探してみると、中国代表――諸葛孔明《しよかつこうめい》、張良《ちようりよう》、周瑜《しゆうゆ》、周恩来、日本代表――竹中半兵衛、黒田如水《じよすい》（官兵衛）、山本勘助、直江兼続、本多正信、武田信繁《のぶしげ》等だが、圧倒的に失敗者が多いのはなんの所為《せい》か。

照明係である筈の補佐役が、舞台中央の主役の位置にまで転び出た揚句にこけてしまい、つい拍手が湧《わ》いた気配。

利休は確信的にその場へと進み出て、秀吉の怒りを誘ったが、元より政治の主役という意味ではなく、美の王としての力を主張した。

二人がそれぞれ掲げた盃を持つ手の位置は何時しか対等の高さとなり、秀吉が「手を放せ」と命じたが、美の王としての利休の抵抗は死を招いた。

そう考えなくては政治力を以てすれば避けようと思えば避けられた死であった痕跡《こんせき》をいかに解釈すればよいか。

最初から盃は二つあった。

重なった盃は、客席の位置からはひとつのシルエットに見えたが、舞台上の特に秀吉からははっきりと見えた。

秀吉は位置を「下げよ」と小声で命じるが、利休はそっちこそ「下げよ」と気合いを込めた。

芝居が終わり、緞帳《どんちょう》が下がって、観客の胸に残った演技。

利休の美意識と茶の、今日に続いての健在ぶりが証明する。

美の王の立場を主張することによって、利休は茶道の殉教者たらんとした。

他の宗教の王達がそうであったように、美の王にも自己犠牲を支える強烈な意志が求められた。

権力や政治の王如きが、美の王に勝てる筈もなかった。

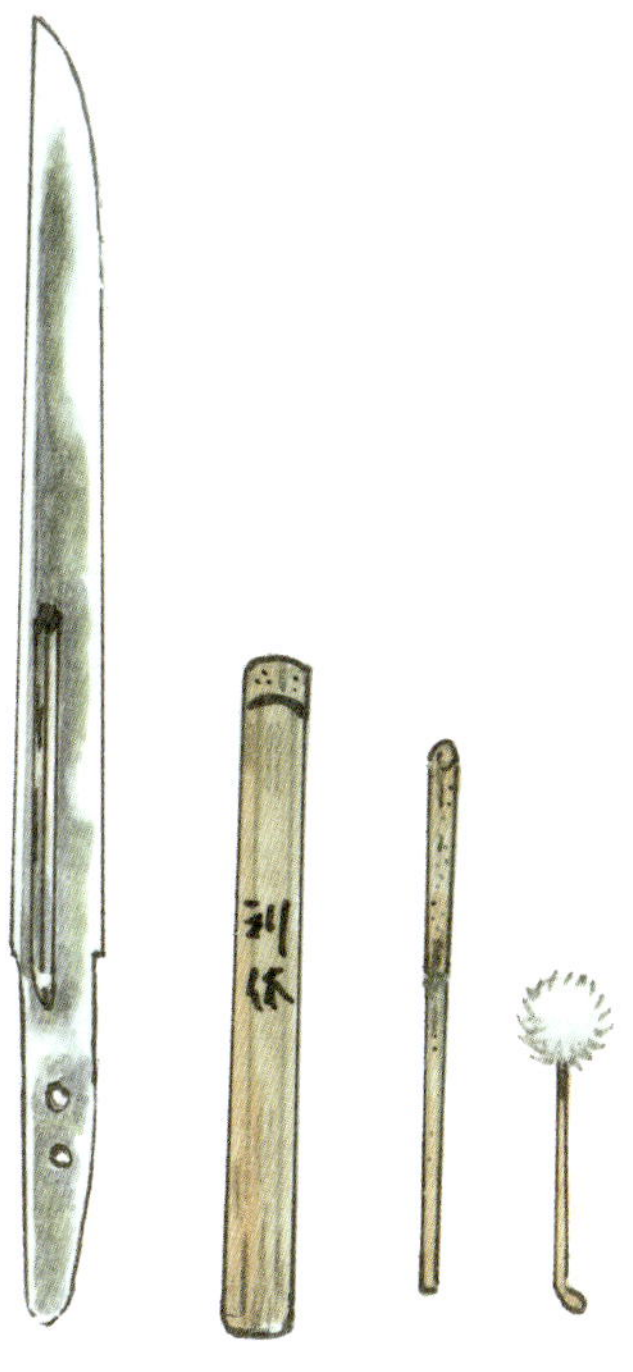

（せんのりきゅう）1522―1591◉堺の豪商に生まれ、幼くして茶に親しむ。わび茶を完成させ、茶湯の天下三宗匠の一人に数えられ、また茶聖とも呼ばれる。信長が堺を直轄して以来信長に雇われ、のちには秀吉にも仕える。時の為政者に重用され多くの戦国大名を弟子に持ち、茶人としての名声を極めるが、大徳寺山門に自身の木像を置いたことで秀吉の逆鱗に触れ切腹を命じられた。

死のうぞ
真田の
者ども
真田幸村
ILLUSTRATED BY
H. KUROGANE

【真田幸村《さなだゆきむら》】秘薬「真田丸《がん》」

かつて日本の武将人気ナンバー3といえば、源義経、楠木正成《くすのきまさしげ》、真田幸村であった。

生きた時代の差は、そのまま味わいの違いとなるが、人気を支える共通分母は胸のすくような戦さ場《いくさば》での天才的活躍と、結末の悲劇性にある。

同様の人気者でも、幸村と他の二者とはバックボーンの重層性が異なる。

幼年期、訳も判らずに大坂方を贔屓《ひいき》した理由は、幸村にプラスする十勇士の所為だった。子供心にも、幸村は颯爽《さっそう》として華やかで、少し寂しかった。

もちろん、フィクションだが、十勇士の存在がよかった。

幸村の深謀の暗さを彼等が明るくする。

真田大坂籠城の報を聞いた家康が「親か子か、親か子かとお尋ね遊ばされ候節、戸に御手掛け成され御座候に、戸かたかたなり、御ふるへ遊ばされ――」まではよいが、続く「親（昌幸）は病死仕《つかまつ》り、子の左衛門佐《さえもんのすけ》にて御座候由申し上げ候《そうらわ》ば、少し落着遊ばされ候」には「てやんでえ」という気分に、今もなる。

家康本陣への幸村の突入が一時は家康に切腹を決意させたと知って「ザマミロ」と、今も思う。

幸村には潔《いさぎよ》さによる解放感が漂っていて、最期は型通りに悲劇的だけれど、他の英雄諸君に比べると今少し乾いているように感じる。

『真田』の物語は、主人公である「幸村」誕生前の祖父・幸隆《ゆきたか》の代に始まる。

突き進む『真田』の歴史に「武田の兵法」が合流し、謙信と並ぶ戦国期の「義」の代表格、大谷吉継も華を添える。

義経、正成、幸村の三者の物語を点検すると、私的な部分の少なさによって、幸村は他の二者に水をあける。

幸村乾燥質の理由。

かくして、どこから侵入しても『真田』を取り巻く景色は心躍る物語となった。

『真田物語』から日本人が汲《く》み取って元気になれる薬は今も多い。

現代に通用するものと、時代的にアナクロな部分を取捨すると、人間の精神力の限界といえる程のサンプルが残る。

さて、いかにこのエッセンスを自らに処するか。

各人が患者であり、医者でもある。

いざ「真田病院」に入院してみよう。

家康をして恐れさせた「真田的な成分」とは何か。

予測性に於いては、家康とて人後に落ちるものではないが、一点恐れる理由があった。

優先順位のつけ方、つまり価値観の異なる敵を家康は恐れた。

短期では上品は下品に負けるが、長期でなら逆転する。

家康の価値が「権力」にあれば、真田のそれは「義」にあった。

「義」は「意地」によって支えられる。

経済欲や権力欲などは「義」の前には光を失う。

欲は一代で蒸発するが、「義」は末代にまで遺って作用し続ける。

実存主義者であろうとなかろうと「義」の美しさは時代と国境を越えて普遍である。

遊びから学習へと進化した〝真田薬〟を実践へと繋げなくては勿体《もったい》ない。

「小よく大を制する」戦法が幸村の利き目だろう。

史実はさて措《お》き、「真田の抜け穴」「銅蓮火砲」「敵の偽旗作戦」等々にも胸躍らせてくれる変化球的なプラシーボ効果がある。

旗は元より、のぼり指物《さしもの》、甲冑まで、軍装の全てを朱色で統一した「赤備《あかぞな》え」も、視覚的な興奮を誘う。

大坂城唯一の弱点部に構えた「真田丸」も外科手術的に潔い。

リーダーとしての人望に加えての機知。

茶臼山《ちゃうす》に登り、関東勢の両陣を観望して、「何処で死んだら一番分《ぶ》がよいか」などと死地の手前で味方を笑わせる。

戦場でも吠《ほ》える。

「関東勢百万も候《そうら》え、武士は一人もなく候」

見得の切りどころもツボを弁《わきま》えている。

「狙《ねら》うは家康の首ひとつ」と遮二無二《しゃにむに》、一直線の攻勢にも胸がすく。

最後の突撃の際には、「死のうぞ、真田の者ども」と、けれんはない。

変化球と直球のバランスがとれている。

右に掲げた幸村の発言のそれぞれは、優秀な「言葉」の持つ価値と、その影響力を充分に知り尽くしたコピーライターの作品のようである。

自軍の弱点をさらけ出して、笑い飛ばしてみせ、ガス抜きに使ってしまう。

視覚と言語による集団催眠をよくした幸村。

「真田病院」の院長は、心理学の権威でもあった。

言語病の患者の症状には服従型と抵抗型とがある。

幸村院長も患者の一人であったが、終生を抵抗で押し通して、病院全体を明るくした。

（さなだゆきむら）１５６７―１６１５◉甲斐武田家配下の戦国武将・真田昌幸の二男として信濃国に生まれる。武田家滅亡後は信長、そして秀吉に従う。関ヶ原の戦いでは、上田城で徳川秀忠軍を迎え善戦するが、西軍の敗北により紀伊国九度山へ配流される。大坂冬の陣に際しては大坂城に入り、越前松平、加賀前田の軍勢を撃退する。夏の陣では、奮迅の活躍を見せるものの、軍勢に勝る徳川軍を前に壮絶な最期を遂げる。

源義経
八艘飛び
鵯越の逆落とし
弓流し
水手を射よ
ILLUSTRATED BY
M.KUROGANE
2010
M.Kurogane

【源義経《みなもとのよしつね》】冗談は義経、源《みなもと》は普通の人

富士川の敗北から、壇ノ浦に至る平家の連敗ぶりは目を覆うばかり。

貧すれば鈍するに弱り目に祟《たた》り目が追い討ちをかけて、平家の振る賽《さい》の目は「凶、凶、凶」と転び出続ける。

「平氏に非ずんば、人に非ず」と、先に大楽あっての大苦だから、富士川の辺りでは平家に同情は湧かない。

これでもか、これでもかと続く平家の不運の中にも、ようやっと重衡《しげひら》や知盛《とももり》が救いを見せるけれど、これとて前者は捕えられ、後者は身体《からだ》に碇《いかり》を巻きつけての入水《じゅすい》である。

ついつい平家を小馬鹿にする気分になっても致し方ない。

美しくはあるが、笛の敦盛《あつもり》や白髪の斎藤実盛《さねもり》ですら、気弱の縁《ふち》に足先を乗せた景色と見ることもできる。

平家の総大将である宗盛《むねもり》の情けなさが、平家滅亡の象徴的な句点として準備されて、弱り目に祟り目の一大叙事詩は完成する。

大楽の末路というべき平家ではあるが、強調の為に物語は畳み掛け過ぎではないかとすら思う。

傾《かし》げた頭の中に、唐突に江戸時代の川柳が浮かぶ。

〈鶴は千年、亀は万年、鶴が死ぬのを亀が見ている〉

ついに楽の字を摑んだ源氏。

楽の次は苦、苦の次は楽。

開かれない瞼の裏に、琵琶《びわ》法師は、平家の「あはれ」と、次なる順番を待つ源氏に意識を転じて白眼をむいて琵琶を奏でる。

嗚呼《ああ》、ヒト皆、『平家物語』の登場人物なのだなあと呟《つぶや》きながら、一方の源氏を代表する、一時期を大楽に囲まれた源義経に視座を移そう。

東北地方で専らであったようだが、演目にかかわらず、突如として緋縅《ひおどし》の鎧に身を固めた義経が「さしたる用はなけれども――」と登場し、去ったあと、何事もなかったように元の芝居が続行されたという程に、その人気は日本津々浦々まで、凄まじかった。

義経を軸に、取り巻く物語はエンターテインメントの要素を全てそろえているからむべなるかなと思う。

「冒険」「活劇」「愛」「逃避行」「死」、その舞台背景は日本の四季の美の「雪月花」。

更にハリー・ポッター的面白さも加わるというのだから文句のつけようがない。

絶世の美女と謳われた母常盤《ときわ》の懇願で命を拾った牛若丸（義経の幼名）は鞍馬山《くらま》で烏天狗《からすてんぐ》を相手に剣の修行。

弁慶を家来にした京の五条の橋の上——と、物語にはエンドマークまで隙がないが、那須与一《なすのよいち》に倣って、その英雄的活躍に的を絞ってみる。

一の谷の、断崖絶壁を騎馬で駆け下りて平家の背後を突いた〈鵯越の逆落とし《ひよどりごえ》〉。

屋島の、嵐の中これまた背後からの奇襲攻撃におまけの〈弓流し〉。

壇ノ浦の、平家の猛将、平教経《のりつね》の攻撃を躱《かわ》しての〈八艘《はっそう》飛び〉。

これら天才的軍略家と誉められる活躍に共通するのは常識を覆す発想で、「背後」、「悪天候」と、固定観念による隙を突いたものである。

特に、壇ノ浦での「水手《かこ》を射よ」（相手の漕《こ》ぎ手を射よ）の命令は、当時にあっては戦いの礼法に反して卑怯《ひきょう》に属する戦法ともいえるが、勝てば官軍であろう。

義経の他を圧する能力は非常識が出発点であるらしい。

武家社会の確立を目覚した兄、頼朝の、朝廷から距離を置こうとする真意を義経は理解せず、勝手に官位を貰《もら》ってしまう能天気と不用意さ。

連戦連勝で、宿敵平家を滅亡させた最大の功労者であるのに、頼朝に疎《うと》まれた理由も同根。

義経の欠損部はすかさず物語が埋めてしまう。

一転して逃亡者となった英雄は、静御前《しずかごぜん》と共に京を逃れ、吉野山へ。

〈義経千本桜〉として飽きさせない。

終点は奥州、藤原氏の衣川館《ころもがわのやかた》。

〈弁慶の立往生〉のサーヴィスを加えて、持仏堂での自害と、物語は悲壮美で幕を閉じる。

光源としての義経は、光が強過ぎた。

強過ぎる光は、その輝きを長くは保てない。

何時の時代にも物差しに頼れるのは美しさだろう。

栄耀《えよう》栄華を極めた分、清盛が損で、悲劇に貫かれたかのような義経は得をしたが、人気など知ったことではなくて八百数十年後の傍観者の勝手な思い込みである。

エンターテインメントとしてなら、義経の「英雄」度に清盛は引けはとらないし、「あはれ」度においても引き分ける。

承知の上で、義経を選ぶか、清盛にするか。

日本食堂で注文する。

「ハーイ、キヨモリ一丁、ヨシツネ丼、一丁追加」

客は丼を待ちながら『平家物語』を開いて、自分の姿を探している。

（みなもとのよしつね）1159―1189◉源頼朝の異母弟として生まれる。平治の乱で父・義朝が敗死し鞍馬寺に預けられ、のちに奥州の藤原秀衡の下で成長。治承・寿永の乱では一ノ谷、屋島、壇ノ浦と転戦し、平家を滅亡に追いやる。しかし、無断で官職を受けたことで頼朝の不興を買い対立。奥州藤原氏の下に逃げ延びるが、秀衡亡き後、鎌倉幕府を恐れるその息子の泰衡に急襲され、衣川で自刃。

【源義経】冗談は義経、源は普通の人

存命無用
楠木正成
ILLUSTRATED BY
H.KUROGANE

【楠木正成《くすのきまさしげ》】南の木の下の、武者

子供の身分で、僕が通過した昭和二十年代に於いては、楠木正成の人気は健在だった。正成人気の矢印は、赤坂、千早城の戦いでの奇策、桜井駅《さくらいのえき》での息子正行《まさつら》との別れ、最期を締め括る湊川《みなとがわ》の戦い、の三ヶ所に集中した。

「尽忠報国」「七生報国」などは、子供の分際には理解の外で、専らの興味は痛快さと悲壮さの落差に吸い込まれたのだが、動物の世界にいわれる「刷り込み」の一種のような現象を我が身体の内部に認めて、水平な思考がとれない位置にいることを理解したときは、いささか閉口する気分だった。

正成と義貞《よしさだ》がいるという理由だけで、訳も判らずに南朝方を贔屓にして、詰まるところは天皇ファンにもなった。

毛は抜け果ててはいるが、幼い頃の尻尾を引きずっている気配は、まだある。

正成の思想や、南北朝の正統性などはどこぞに閉じ込めて、冒頭の三本の矢印の辺りで、エンターテインメントの世界を無責任に楽しむに限るとは思うが、「刷り込み」の利き目は尾を引いて、ある種の日本人体質は、いまさら如何《いかん》ともし難い。

如何ともし難い部分は、大いに個人の趣味に属するから、三本の矢印に導かれる「人気」を的としたい。

歴史上の人気スターの条件とは何か。
①大出世（立身出世）
②筋を通す（忠孝を含めた倫理性）
③軍略家として劣勢を跳ね返す能力
④非業の最期を遂げる
楠木正成は条件の全てをクリアしている。

登場の仕方も幻想的で、南の方角の木の下に平伏する武者として後醍醐《ごだいご》天皇の夢枕《ゆめまくら》に立つ。

「南の木」、すなわち「楠」という、余り上等とはいえない謎解きではあるが、このストレートさすらも、②の「筋」に重なって陳腐さを弱める。

正成は後醍醐天皇の呼びかけに応じて挙兵し、寄せ来る敵を武略と智略とを以て次々に打ち破ってみせる。

かくして正成は、新政府樹立の原動力となったが、足利尊氏《たかうじ》の反乱にも忠義の筋はぶれることなく、新田義貞らとともに奮闘するも、多勢（三万千騎）に無勢（わずか七百騎）

で、湊川に於いて壮絶な最期を遂げる。

正成の墓は四基を数える。

湊川の墓には、吉田松陰、勝海舟、坂本龍馬、頼山陽《らいさんよう》、シーボルトが、桜井駅の父子像には、明治天皇、乃木希典《のぎまれすけ》が、千早、赤坂村の墓には、昭和天皇、大久保利通が訪れている。

正成が尊皇思想の高みへと昇り詰めた原因は、我が国の尊皇攘夷の本丸ともいえる水戸藩の徳川光圀《みつくに》によって、忠義をキーワードに建武の中興期の土壌から掘り起こしたらしい。

立ち上った正成は、幕末、明治維新方面に向かって歩き始める。

正成人気は尊皇攘夷や、戦前の軍国主義に利用されて一時期を「忠義の軍神」と奉られるが、敗戦後の民主主義教育のもとでは、一転抹殺され、やがて忘れ去られた。

皇居前広場に威容を誇る銅像が遺った。

忠義一色であった正成像には、以降、尊皇色、攘夷色、軍国色などが塗り加えられた末、またも土中へと埋め戻された。

歴史上の人気スターの相場は都合によって変動する。

徳川家康や新選組など、人気がなかったどころか、かつては憎まれ役や仇役《かたきやく》であったが、正成の変動幅に比べれば何時の時代も底値は維持していたようだ。

正成株は頂点からの大暴落であった。

後世の都合による色付けを洗い落としてみれば、勇気、知恵、覚悟、潔さ、儚さの点で、綺羅《きら》星の如く並ぶ歴史上の人気スターの中にあっても普遍的チャーミングさで楠木正成は群を抜く。

「存命無用、最前に命落とすべし」

迫り来る足利の大軍を前に、正成は、退却と見せて反転しての総攻撃を最期の策として後醍醐天皇に進言するもいれられず、もはやこれまでと死を覚悟して湊川へと赴く際の言葉である。

正成は、生の締め括りまでが「カッコイイ」。

「カッコイイ」とは、言い換えれば西洋でいう「ダンディズム」であるが、三島由紀夫はこれを「他人は驚かすが、自分はけして驚かない」と定義した。

何事にも驚かない正成はいかにしてその境地に至ることができたのか。

エリザベス・キューブラー・ロスの唱えるヒトの「死ぬ瞬間の受諾の五段階」に比べてみよう。

①否認
②怒り
③取引
④抑うつ

⑤受諾

せっかく研究したロスには悪いが、この説のバックボーンにはキリスト教が関係しているようだ。

ロスには到底理解できないであろうが、我等が正成はいきなりに⑤へと飛んだ。

飛べるのは、多神教にして多元論の、日本人だけなのだ。

（くすのきまさしげ）生年不詳―1336●鎌倉幕府倒幕計画発覚により挙兵した後醍醐天皇に呼応して、河内国、下赤坂城で挙兵。幕府軍の猛攻により落城するが、このときの善戦が全国に倒幕の気運を高めたと伝えられる。新田義貞や足利尊氏の参戦により倒幕後、建武の新政においては後醍醐天皇の絶大な信任を得る。尊氏が新政から離反後、尊氏・直義軍と湊川（現・神戸市）で戦い、敗れて凄絶な自害を遂げる。

【楠木正成】 南の木の下の、武者

日本を
今一度
せんたく
いたし
申候
ILLUSTRATED BY
H.KUROGANE
WELCOME TO THE WORLD OF LAUGHTER
H.Kurogane

【坂本龍馬《さかもとりょうま》】価値《かち》価値《かち》山《やま》の龍馬さん

幕末の風雲児と称される坂本龍馬。

風雲児たり得た資質のポイントを二つあげれば、固定観念の打破と先見性。

社会全体が身分制度という圧力下にあった時代に於いても特に厳しかった辺境の地、土佐藩の郷士《ごうし》（武士階級でも最下位に位置する）に生まれたにもかかわらず、その垣根を易々《やすやす》と乗り越えられた精神の自由さの理由《わけ》。

地の利としては眼前に広がる太平洋。

毎度、ツナミのように寄せくる大波を見てこせこせした性格になれと言われても無理である。

大海を胸に飲み込んだ龍馬少年は眼を身分制度に転じる。

郷士の傍ら、実家の営む質店という世の中を斜めに見る社会的スタンスの持つシニカルな視座。

威張る表の顔の裏で、金員の前では低頭するサムライ。

龍馬少年の眼は武士と商人、双方の視座を獲得する。

二十七歳にして土佐藩を脱藩するや、龍馬は奇跡のように様々な人物との面会を果たしていく。

幕末四賢侯の一人、松平春嶽《しゅんがく》――勝海舟――佐久間象山《しょうざん》――大久保一翁《いちおう》等々。

ここに大きな人脈ができる。

人脈は山脈ではないのだから眼前にいきなりに現われるモノではない。

人脈づくりの天才である龍馬に倣う。

人間的魅力だけでは漠然とし過ぎるから、龍馬の足跡から思いつくままに他者を惹きつけたポイントを並べてみる。

予測性の強さ、度量の大きさ、アイデアマン、思考の柔軟さ、バランス感覚、私欲のなさ、生への執着の薄さ、人運――等々から人脈づくりのとり敢えずのコツは、どうやら自己犠牲であるようだ。

才と運に恵まれて人脈を手に入れたとする。

多い人脈は当然にその数に比例するメンテナンスを要求するから、つい手に余っての不義理も生ずる。

不義理はマイナスの人脈を生む。

マイナスなら元よりない方がましであるから、プラスが無理ならせめてイーヴンに転ずる努力が必要となる。

しばしも休まぬ気遣いの必要さ。

龍馬がそのようなことをしたであろうか。

はたして結果はそのように見える。

龍馬はヒトが好きだったのだろう。

ヒトで遊べる才能。

このタフさが不足すると、人脈づくりもその維持も無理である。このタフさは何処《どこ》から生まれるのか。

幼児の如くに前方にだけ歩み出すひた向きさ、後ろを振り返らない無頓着《むとんちゃく》さ、けっして陰にはこもらず常に陽の中に座を占めるような性格の幼児期に於ける形成。

人脈づくりの才とは後天的に外から得るモノではなく、先天的といってよい程に内より湧き出るモノのようである。

湧き出るモノのエレメント、すなわち自己犠牲。

自己犠牲の人は相手が老若男女を問わず、モテる。

犠牲とするのは、自己の価値観である。

ヒトを観察する場合に用いる物差しの種類は様々だが、目盛りを価値観とすると判り易い。

①権力型、②経済型、③芸術型、④理論型、⑤宗教型、⑥社会型。
何《いず》れにせよひとつの型に一元論的に大きく傾《かし》いでいるタイプは傍迷惑《はた》である。
風雲児、龍馬に価値の物差しを当ててみる。
①権力型か？
皆無とはいえないだろうが、新政府の名簿から自分を外した程だから、パス。
②経済型か？
貿易をするつもりでいたらしいが、専らの目的は金銭そのものではなかった筈だから、一応はチェック。
③芸術型か？
発想の変化と飛躍ぶりを見ると、これは○。
④理論型か？
勝海舟や河田小龍《かわだしょうりょう》の意見を聴いて「これは」と思えば屈託なくその理論の上に座ってしまう。これもチェック。
⑤宗教型か？
反迷信的、反宗教的であるから、これは×。
⑥社会型か？
ボランティアに汗するタイプとも思えないが、俯瞰的には天下万民の為を考えるところ

もあるので、チェック。

　以上の検証から、龍馬の価値観はバランスがとれていることが判る。

　龍馬の行動範囲が広かった理由のひとつは、宗教型を除いては、相手のキャラクターが何れの価値観の上に立っていても対応できたからだろう。

　しかも、相手が龍馬と同型であった場合、少々の不義理などは許して同志となる。

　閉塞《へいそく》の時代に余裕を持つことができるのは、多元論的なタイプであることを、坂本龍馬の一生は教えてくれる——ぜよ。


(さかもとりょうま) 1835—1867◉薩長同盟の斡旋、大政奉還のもととなった「船中八策」の立案などで知られる、倒幕および明治維新に多大な影響を与えた志士。土佐の郷士の二男に生まれ、1862年、土佐藩を脱藩。江戸で幕臣の勝海舟と出会い、弟子として活動。勝失脚後は薩摩藩の援助を受け、長崎に貿易商社と政治組織を兼ねた亀山社中(のちの海援隊)を組織。1867年、京都近江屋で中岡慎太郎とともに暗殺される。

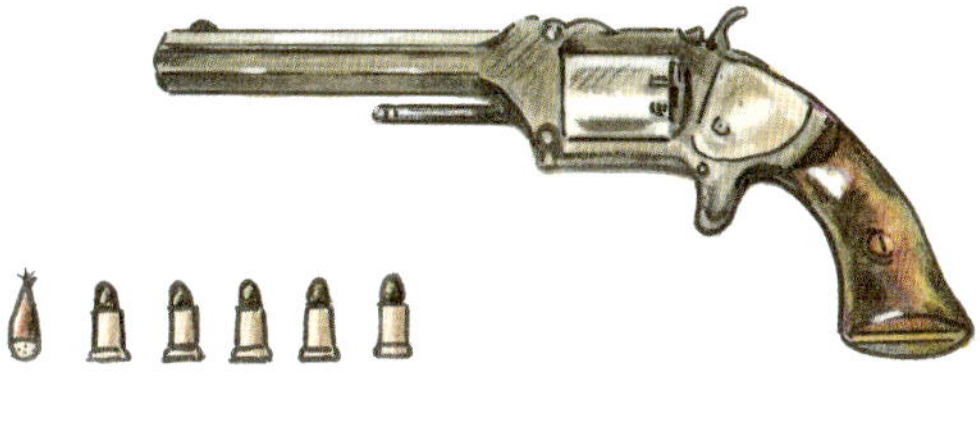

互ニ
航路ノミ
議スルトモ
今海上ニ
蹤跡ナシ
いろは丸
KAIEN TAI
RYOMA
SAKAMOTO
ILLUSTRATED BY
H.KUROGANE

【坂本龍馬《さかもとりょうま》】龍馬のいろは丸事故交渉術

海援隊「いろは丸」百六十トン。

紀州藩「明光丸」八百八十トン。

慶応三年（1867）四月二十三日。

日本初の蒸気船同士の衝突事故となった損害賠償交渉で坂本龍馬は人間ばなれした大活躍を見せる。

長崎港を出航したいろは丸は大坂へと向かっている。

当夜の鞆《とも》の浦《うら》の辺りの海上にはガスが出て、双方とも視界の悪い状態での運航だった。

夜十一時頃。

両船は衝突し、いろは丸は海中に没する。

いろは丸は四国大洲《おおず》藩からの借船であったから弁償責任が生じ、積荷の損金も海援隊、すなわち龍馬の肩にのしかかる。

五十五万石の徳川御三家紀州藩と、脱藩や喰いつめ浪人やらの寄せ集めの海援隊では、風前の灯《ともしび》。

いろは丸どころか、今や海援隊自体が沈没寸前だが、キャプテン龍馬が講じた策は今日の外交交渉に於いても立派に通用するどころか、模範となる。

交渉が過熱する前の、双方茫然《ぼうぜん》自失で時の緩やかに流れるうちに龍馬は明光丸の「航海日誌」を手に入れてしまう。

続いて、当時に於いては馴染《なじ》みの薄い国際法「万国公法」を持ち出す。

今となってはどちらに衝突の非があるかは、歴史の海の彼方だが、舷灯《げんとう》を点《つ》けていなかったいろは丸の方に非があるとの見方もある。

紀州藩も、この点を突いてくる。

ハンディ（？）があれば、ますます龍馬の交渉が冴える。

「舷灯、点けてなかったやんか」

答えての龍馬の科白が「互《たがい》ニ航路ノミ議スルトモ　今海上ニ蹤跡《しょうせき》ナシ」。

「海上に跡は残ってないのだから、いまさらそんなことを言っても仕方がないぜよ」というのである。

アウトローの交渉術ではないか。

紀州藩側は面喰らう。

「船だけではなく、積荷の問題もあるぜよ」

「ナニ積んどったん？」と紀州藩。

「新式鉄砲四百挺、これが三万五千両、他に金塊、砂糖、これが四万八千両」

紀州藩は腰を抜かす。

文句をつけても龍馬が相手ではまたもや「蹤跡なければ、信じられよ」と突っぱねられるがオチ。

紀州藩も押されっ放しという訳にはいかない。

あくまでも国内ルールで解決をはかるべく幕府の出先機関である長崎奉行所での裁きを主張する。

「長崎？　ええぜよ、かまんぜよ」

直後に長崎の花街、丸山辺りで聞き慣れない俗謡が流れ始める。

「〽沈められたる　償い金は　首をとるのがよござんしょ〜」

長崎には各藩の代表が集まっているから、紀州藩のイメージのダウンすること夥《おびただ》しい。

交渉終盤には土佐藩参政、後藤象二郎《しょうじろう》や、岩崎弥太郎も登場。

「〽船を沈めたその償いは　金をとらずに国をとる〜」

龍馬は紀州藩vs土佐藩の対決という構図に変えてしまう。

更には、土佐藩と長州藩が結託して紀州藩と戦さになるらしいなどと噂を流す。

我が国の歴史的海難事故の損害賠償交渉は、海援隊が紀州藩から八万三千両を勝ち取るという圧勝となった。

のちに、龍馬暗殺犯として紀州藩説が浮かんだのもむべなるかなと思える凄まじい交渉術であった。

龍馬と紀州藩との交渉能力の差はどこで生じたのか。

損害賠償とは、すなわち金《かね》の交渉である。

江戸の三百年が恥として培った武士の弱点といえる。

龍馬には偏見がなかった。土佐の本家は質屋も営んでいたから、武士の表と裏を知っている。

更に、身を滑り込ませた長崎には「価値観の穴」が空いており、龍馬はそこから固定観念の先にあるビジネス感覚と自由貿易を知った。

紀州藩の代表達は立派な武士ではあったが、この穴を知らなかった。

自らの死後の妻、お龍《りょう》の身の振り方を長州の三吉慎蔵に細やかに託すと交渉のほとんどに単身で臨んでいる。

後顧の憂いを断ち全力で交渉に当る。

もちろん作戦面の成功もあろうが、要は「命懸けの交渉」にあった。

人事を尽くして天命を待つ。

「今、海上ニ蹤跡ナシ」などとはまるでハナから喧嘩《けんか》腰《ごし》で、この龍馬の無茶苦茶論法に五十五万石紀州藩の交渉方が項垂れたのは、胆力、気力の差。つまりは覚悟のあるなし。

命懸けの龍馬の交渉に紀州藩は怯《ひる》んだ。

龍馬は武士の世界も知っていたから、穴の先でそれを使った。

（いろはまる）◉幕末期に伊予国大洲藩（現・愛媛県）が、坂本龍馬らの仲介でポルトガル領事から購入し、所有していた西洋式の蒸気船。今日、広島県福山市鞆町にある「いろは丸展示館」では、沈没情況を再現したジオラマや引き揚げ物などの展示を見ることができる。なお、今世紀に入ってからの海底調査では、龍馬が主張した鉄砲などの積み荷は発見されていない。

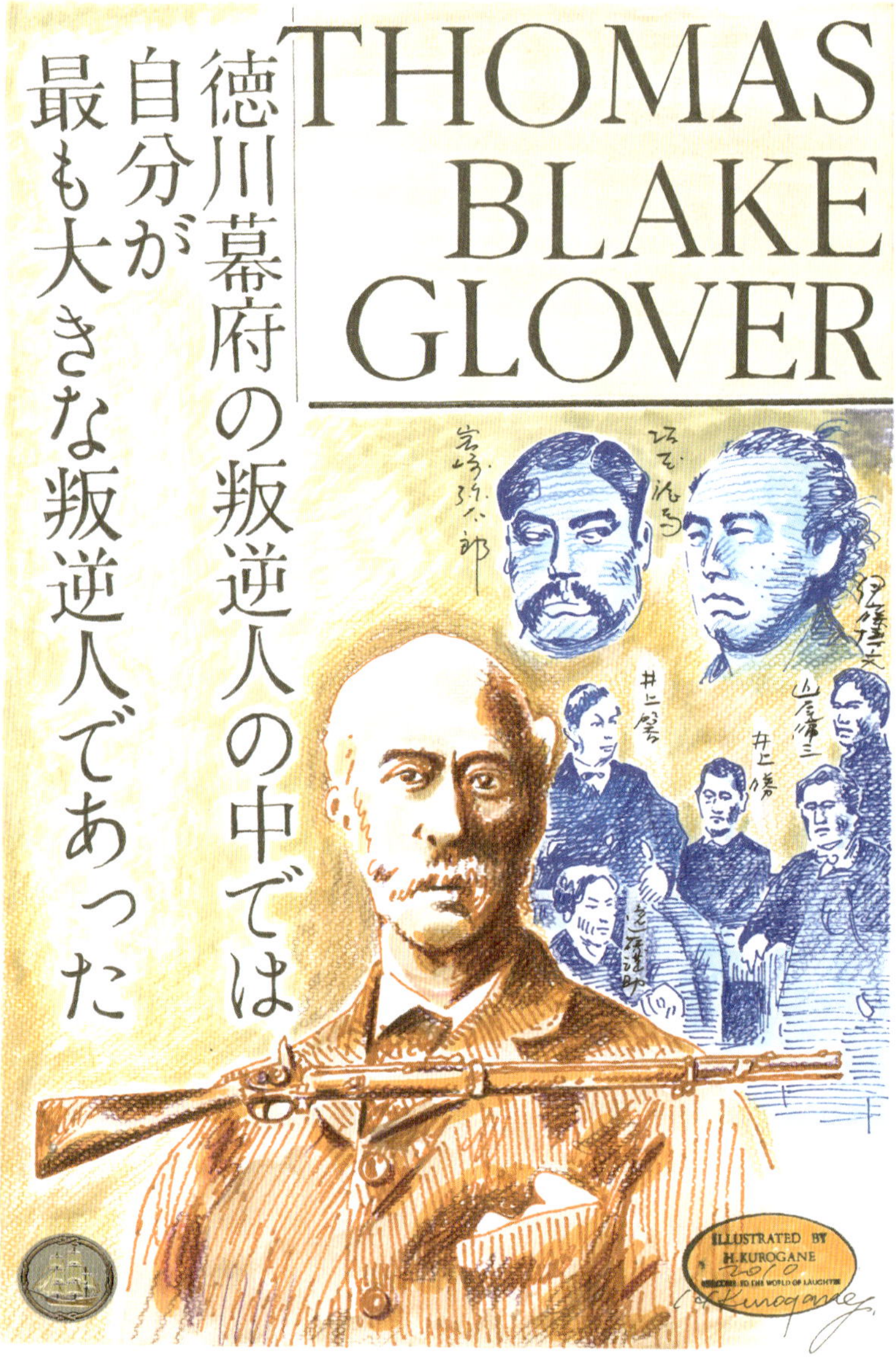
THOMAS BLAKE GLOVER
徳川幕府の叛逆人の中では
自分が
最も大きな叛逆人であった
岩崎弥太郎
坂本龍馬
伊藤博文
井上馨
山尾庸三
井上勝
遠藤謹助
ILLUSTRATED BY
H.KUROGANE
2010
WELCOME TO THE WORLD OF LAUGHTER
H.Kurogane

【トーマス・ブレイク・グラバー】斗枡《トーマス》・無礼苦《ブレイク》・愚裸婆《グラバー》

噴き出した溶岩が冷却し表面が黒くなるように、明治という時代の土台が固まった頃、政府より倒幕の陰の立役者として、グラバーは勲二等旭日章を授与されている。

トーマス・ブレイク・グラバーは、英国はスコットランド、アバディーン出身で、安政六年（1859）、日本開港と同時に、上海から長崎にやってきた。

時にグラバー、二十一歳。

肩書きは、大商社ジャーディン・マセソン商会長崎代理人。

最初に取り扱った物品は日本茶であったが、徐々に武器や艦船にまで拡がり、いわゆる「死の商人」となった。

先の勲章授与の際もグラバーの口は固く、コメントは避けていたが、やがて「徳川政府の反逆人の中で、自分が最も大きな反逆人であった」と、言い遺す。

当初の目的はあくまでビジネスで、極東の島国の行く末などに興味はなかったが、自分の行動次第で一国の運命が左右されることに気付いたグラバーは「国境を越えたロマンティシズム」に目覚めたのだろう。

そうでなければ、危険を冒してまで様々な藩と交渉を持ち、多数の留学をバックアップした理由が判らなくなる。

最大の取引相手は通して薩摩藩であったが、薩長和解に至って、坂本龍馬を仲介にゲベール銃七千挺と軍艦ユニオン号を長州に売り渡す。

長州征伐直前の武器と艦船の引き渡しが、その後の討幕運動に拍車をかけたのは明らかで、先の勲章の意味を裏付けるが、その裏で徳川幕府にも武器を売っていたという事実は、死の商人の面目か。

死の商人はロマンティシズムの衝動に従ってか、争乱を拡大させる目的でか、多くの人材の欧州留学渡航を手助けし、その身元保証人にもなっている。

ユニオン号斡旋《あっせん》で活躍した亀山《かめやま》社中の近藤長次郎の単独外遊計画を後押しして、のちの切腹の原因をつくったのもグラバーである。

外遊組の選別にも死の商人は節操がない。

五代才助、寺島宗則《むねのり》達、薩摩藩使節団十九名を英国に留学させた同時期、伊藤博文、井上馨《かおる》、山尾庸三《ようぞう》、井上勝、遠藤謹助の長州藩士五名も英国へと送り出している。

薩摩、長州以外に、あと一組。

なんと、幕府の留学生として、西周《にしあまね》（帰国後、徳川慶喜《よしのぶ》の政治顧問）と津田真道《まみち》がオランダへと向かっている。

二人はオランダでの長い留学を終えての帰国寸前にグラバーの指示と思われる不思議な行動をとる。

一八六五年十二月四日、フランスはパリのカラント・ホテルで、薩摩留学組の五代才助と寺島宗則に面会しているのだ。

この時期に、幕臣と薩摩藩士が異国で逢《あ》う理由とは。

西周は「徴兵制」という武士社会の解体のアイデアを慶喜の耳に囁き、一八六七年には「議会改革案」を提出している。

この時点での「議会」とは、つまりは「大政奉還」を指す。

坂本龍馬のアイデアの後ろに立つグラバーの影。

グラバーには、黒幕として日本の歴史を動かして、いや操っている実感すらあっただろう。

明治新政府ができたとき、巨額の財とともに故国に帰ることもできたのに、グラバーはそうはしなかった。

日本永住を決意したグラバーは、日本人女性ツルと結婚し、二人の子供をもうけている。

自分が種を蒔《ま》き、芽ぶいた日本という国の行く末を見届けたかったのだろう。

日本に留まってこその、維新最大の黒幕グラバーだが、故国に戻ってしまっては、財力のある貿易商ＯＢでしかない。

スコットランドには「男の旅は片道切符」との言葉があると聞く。故国へのチケットをグラバーは破り捨てた。

グラバー商会倒産後も、岩崎弥太郎の三菱の顧問におさまって、その後の日本鉱山事業のさきがけとなった高島炭鉱開発を手がけている。

弥太郎の弟の弥之助の代ではビール事業にも進出して、のちに「麒麟麦酒《きりんビール》」となるジャパン・ブルワリー・カンパニーを創立。

以下は大いに私見だが、ラベルとなった「麒麟」の図柄は、どう見ても頭が「龍」、胴体部が「馬」、つまり〈龍＋馬〉＝〈龍馬〉。

グラバーと岩崎が、思い出として「龍馬」の名をラベルに隠したとは思えまいか。

明治四十四年（１９１１）、トーマス・ブレイク・グラバー、東京にて没。七十三歳。日本滞在、実に五十余年。

日本妻との間に生《な》したトミー・グラバー（日本名・倉場《くらば》富三郎）は長崎に住み、原爆投下の十七日後に自ら縊《い》死《し》して果てた。

太平洋戦時下、富三郎にはスパイの容疑がかかり、窮屈な暮らしを強いられた。

死の商人として、時の最新兵器の売買をしたグラバーの息子が、原爆に遭遇するという歴史の皮肉を、ここに見る。

（とーます・ぶれいく・ぐらばー）１８３８―１９１１◉上海での商社勤務ののち、１８５９年来日。61年、開港間もない長崎にジャーディン・マセソン商会の長崎代理店としてグラバー商会を設立。武器、艦船販売により事業を伸長。薩摩・長州藩とのつながりが強く、同盟時に両藩に武器を提供。長崎市の観光名所として残る１８６３年築のグラバー邸は、現存する日本最古の木造洋風建築。

【トーマス・ブレイク・グラバー】斗枡・無礼苦・愚裸婆

SAIGO BOSHI
敬天
愛人
ILLUSTRATED BY
H.KUROGANE
H.Kurogane

【西郷隆盛《さいごうたかもり》】ズンダレたセゴドンは星ば成りもした

西郷隆盛は、大久保利通、木戸孝允《たかよし》とともに「維新の三傑」と称されるが、他の二者とは「傑」の性格が異なる。

俗っぽくいえば〝人たらし〟である。

正確には西郷には「たらす」つもりはなくても接する側が勝手に「たらされた」。

西南戦争末期、無駄死にを避ける為に参戦した兵士達に西郷は帰郷を説くが多くが残った。

「西郷さんは、一日会えば一日分惚《ほ》れられる人である」と嬉々として戦死した。

「一日会えば一日分――」ならば、人生の大半を共に過ごした大久保利通はどうか。

幼少の頃の友情を、長じても保ち続けることは、互いの精神面の成長と生活環境の変化が容易くはさせない。

行動のほとんどを共にしながら、チェックを怠らなければ或いは友情のパーセンテージの維持も可能だろうが、前のめりの努力はホモセクシャル度が増すようで、その気のない僕には気味が悪い。

昔々、仲の良かった友の、内外両面ともの変化に互いに驚いて背を向け合う方が精神の座りがよいように思う。

「廃藩置県」の実施を境にして、セゴドン（西郷）の内から発する光はにわかに精彩を欠き始めるのだが、外から加えられる不平士族のエネルギーのおかげで遠目にはセゴドンは光り続けているように見える。

幼少の頃からセゴドンを敬愛しながら側にいた正助さァ（大久保の幼名）には、すぐさまに光源の変化が見てとれた筈だ。

セゴドンには正助さァが、正助さァにはセゴドンがいてくれたから安心して互いの資質に不足するモノを埋め合うことができたのだが、この絶妙なバランスに変化が起きた。

理想主義《ロマンチスト》と現実主義《リアリスト》の嚙み合わせの悪さや、政策の違いなどは末梢《まつしょう》のことで、一方的にセゴドンが「ズンダレテ」（だらしなくなって）正助さァにしなだれかかった。

共に維新を成した頃のセゴドンの光の中には正助さァと同じリアリストの成分が含まれていたが、いつしか蒸発した。

セゴドンをよく知り犬好きだった正助さァは、泣きながらも快く、西南戦争でズンダレさせてやった。

西郷の書「敬天愛人」。

天を敬い人を愛する。

天命（人には与えられた使命がある）への信仰。

そこには大いに『聖書』の影響が見えるのだが、西郷は生まれながらに資質として持っていた。

そんな西郷をして、ズンダレさせた理由とは何か。

維新後の新政府が細胞分裂を始め、やがて醜悪な権力闘争の姿が露《あら》わになると、西郷は鹿児島に引き籠《こも》って出てこなくなる。

明治版〈天《あま》の岩戸〉である。

進行する改革には是非とも西郷の人気を必要とする新政府は天手力男神《あめのたぢからおのかみ》に化けて東京への引っ張り出しに成功する。

上京した西郷が眼にした光景は、高給を取り豪邸に住む政府要人達の堕落した暮らし振りだった。

「政《まつりごと》をする者の俸給は、低給で頑張って仕事をしているうちに、周りから可哀《かわい》そうだから上げてやれという声が出て、はじめてそうする性質のものである」

政治家たる者すべからく滅私奉公の人たるべしという西郷の信条を述べた言葉である。

美しく生きようとすると必ず醜い者が立ちはだかる。

醜い者ほど美しき者を利用しようとする。

「廃藩置県」を始めとする明治の大改革は西郷の人気抜きには到底実現は不可能だった。岩倉使節外遊中の〝留守内閣〟の二年の間に「学制制定」や「地租改正」の新政策が断行できたのも西郷のおかげといえる。

さすがに西郷も、ズンダレた。

「もう、よか、ごわしょ」

大久保は理解した。

人が自らの信念に殉じようとするとき、善悪、好悪を問わず強烈なエロティシズムを発散する。

本人が破滅とは思わず成就と見るのだから西郷を光背が守る。

西南戦争の記述を読む度に決まって奇妙なカタルシスが得られるのは、そのベクトルが世俗的な価値観と逆の方向を指し示しているからなのだろう。

僧、月照との入水自殺。

「征韓論」を唱えた際に西郷が言ったとされる「おいば、殺されてきもそ」の持つ死への助走。

生と死に対するほとんどの人の願望比率が、生のできるだけの増大と、死の極小化であろうのに、西郷は違った。

死の願望のパーセンテージを太くして生きた。

究極の〝人たらし〟の秘密。

西南戦争は、西郷の壮大なる自死であるといえるが、過程の随所に含まれる驚天の余裕とユーモアとは、文字の中のうてなに座して、後世の我々をも誘う西郷華の芳香である。

皆々様、お気をつけあそばせ。

（さいごうたかもり）1827―1877◉薩摩藩の下級藩士の長男に生まれるが、その才を藩主・島津斉彬に認められ側に仕える。薩長同盟締結、王政復古、江戸城無血開城と、倒幕・新政府樹立の過程で中心的な役割を担う。維新政府では陸軍元帥、参議を務めるが、明治六年の政変で政治方針の違いから下野。鹿児島に帰郷後、不平士族に担がれ西南戦争を起こし、新政府軍に敗れ城山で自刃。

TOSHIMICHI
65 kg
178 cm
これからは
内治興隆の中段に入る
余の真骨頂は
この第二期にある
OKUBO
ILLUSTRATED BY
H.KUROGANE
WELCOME TO THE WORLD OF LAUGHTER
H. Kurogane

【大久保利通《おおくぼとしみち》】オークボ、僕も遠し道

大久保利通を想うと、常に西郷隆盛が顔を出す。

逆も同じ。

もちろん、個別にしても立派に過ぎる程に立つ二方《ふたかた》ではあるが、合わせないことには輪郭がぼやける。

自我の安定の為に自己の一部を他者に重ねることがないとは限らないから、勝手な思い込みだけではない可能性もある。

大久保と西郷との噛み合わせは遠目には悪いけれど、近くに寄ってみると、似た者同士のような気配が漂う。

暗と明、影と光、陰と陽、冷と暖、裏と表。

印象の悪い方を、一手に大久保が引き受けてしまって正当な評価の前に敬遠されてしまう。

評価対象の専らが、その業績にではなく〈西郷を死に追いやった男〉として感情論的に付けられる。

否定されてしまう。

「西郷死ス」の報告を受けた大久保が両眼に溢《あふ》れんばかりの涙を溜《た》めて部屋中を歩き回り、長身ゆえに何度もその額を鴨居《かもい》に打ちつけたという娘の証言も、罪悪感からであろうと片付けられる。

暗殺時、西郷からの手紙を懐中していた事実も大久保弁護の役には立たない。

日本史上最高の政治家と断じてもよい程の人物なのに血も涙もない怜悧《れいり》な〈リアリスト〉として敬遠され続けている。

強者《つわもの》ぞろいの明治新政府の要人、とは言い条、権力を握った彼等の大多数が自由奔放、勝手気儘《きまま》に我が生を謳歌《おうか》したに過ぎない。

絵の文字「これからは内治興隆の十年に入る　余の真骨頂はこの第二期にある」の意味は維新以降の政治三十年を十年単位の三段階に分けて、最初の十年を創業、次の十年を内政を整え民産を殖する最も肝要な時期、最後の十年を後進賢者へ継承する期間と位置づけたものであり、この「日本の将来の設計図」を示し、自らの実力発揮の領分についての覚悟と自信を述べた大久保の言葉である。

確かにリアリストの面目躍如であり、こりゃ嫌われるわなァとも思うが、大久保こそ今や我が国の政界に於いては絶滅危惧《きぐ》種となった有言実行の先駆者であった。

「版籍奉還」「廃藩置県」を断行し、「中央集権体制」を確立すると、同時に「行政改革」

に着手、「地方行政」にも目を配り、一方で「殖産興業」を推進する。

これら全てを大久保一人で成し遂げたと言ってもよい。

他は遊んでいたと迄は言わないが、大久保とは異なる価値観に振り回されていた。

西郷も振り回されていた。

そんな西郷を嘆いて大久保は「セゴドン（西郷）は、ズンダレテ（だらしなくなって）しもうた」と洩らした。

西郷がズンダレテいく一方、正助さァ（大久保の幼名）は「内務省」設立後、「地租改正」や「学制制定」を実現。

明治維新が奇跡なら、新政府に於ける大久保一人の活躍は大奇跡というものであり、ヒトの能力の限界に希望を持たせてくれる。

今日の「官僚制度」の弊害を招いた張本人ではないかとは、冒頭の敬遠派の言い分である。

リアリスト大久保に手抜かりはなく、今日でもグズグズして一向に進まない「官庁統廃合」や「公務員削減」にとっくに取り組んでいる。

大久保利通こそリーダーの中のリーダーといえる。

リーダーの条件とは、
①予測性に富み

②優先順位のつけ方に過《あやま》ちがなく
③決断力と行動力を兼ね備え
④破壊力と建設力に優れ
⑤管理・維持能力に長《た》けている。
なんと、全ての項目で満点といえるその大久保は、自らが宣言した最も肝要な第二期に入ったところで暗殺されてしまう。

どの時代にもアホーは現われるが、日本、いや世界史上、稀有《けう》のリーダーを殺したとあっては、犯人こそ人類史のアホーのリーダーかもしれない。

先のリーダーの条件には、言わずもがなだから加えなかったが、五つの共通分母として「自己犠牲」の特質がある。

官僚の月給が五百圓《えん》から七百圓の時代、大久保の死後に確かめられた彼の財産は総額百圓程であった。

のみならず、八千圓を超える借財があったという。

借財の全てが、本来なら公費で賄《まかな》われるべき性質のものであった。

大久保利通の異様とも思えるこの潔癖さと義務感の母胎とはなんであろう。

薩摩《さつま》という地理の上に立った武士の精神性だけでは説明がつかない。

龍馬が乗り越えた価値観の垣根。信長が解いたであろう不条理の難問。大久保利通はこの二者とは違った方法で向こう側へと降り立った。
恐らくそれは、芸術的な美の世界の鍵を手にしたからであろうと思う。

（おおくぼとしみち）1830―1878◉明治維新の元勲。薩摩藩下級藩士の家に生まれるが、藩主・島津斉彬に抜擢され藩政の重きをなし、幕末には公武合体から薩長同盟、倒幕へと邁進。維新後は参与として廃藩置県など新政府の礎構築に尽力。欧米視察後、富国強兵・殖産興業政策推進を図り、内務省を新設。初代内務卿として辣腕をふるうが、西南戦争の翌年に不平士族によって東京・紀尾井坂で暗殺される。

おもしろきこともなき世をおもしろく
奇兵隊
ILLUSTRATED BY M.KUROGANE
SHINSAKU TAKASUGI

【高杉晋作《たかすぎしんさく》】その晋作は、高杉る

「奇兵隊」という我が国最初の近代的軍事組織を創《つく》り、国中が決断を躊躇《ちゆうちよ》する中、「功山寺挙兵」で断然の先見性を示し、寄せ来る第二次長州征伐の「幕軍撃破」の指揮と、その行動内容と規模では他の志士の追随を許さない程の高杉晋作の大活躍。

師には吉田松陰を仰ぎ、弟分達も伊藤博文以下、綺羅星の如きメンバーを従える。

将軍に向かって「いよう！　征夷《せいい》大将軍！」と声をかける「狂」を含む程の茶目っ気。

三味線を持たせれば「三千世界の烏《からす》を殺し主《ぬし》と朝寝がしてみたい」と軟の方面もしっかりと押さえ、ヒトの生老病死の不条理観に対しては、野暮を避けて「面白きこともなき世を面白く」と粋《いき》にして明快。

どの点をとっても幕末の人気者の龍馬に一歩も引くものではないのに、どういう訳か晋作のそれは今ひとつ。

運動の最盛期にその身が京にはなく長州にあった所為で派手さを欠くというのである。

高杉晋作のどこが地味だというのか。

自由に動き回った龍馬に比べて、ついに藩の括りの中に生きた為とする指摘は多いが、長州に晋作のなかりせばと幕末の景色から彼を消してみるとその存在の大きさが判る。紆余曲折《うよきよくせつ》は経たが、ついに「薩長同盟」が締結なったのも晋作の功績である。英米仏蘭の欧米列強に敗れた「馬関《ばかん》戦争」後は長州軍を代表して敗戦処理に当り、一歩も引かずに交渉し講和をまとめあげている。

その差、実に四十倍ともいわれる圧倒的兵力の幕府軍を相手にした「四境《しきよう》戦争」では、最前線で指揮をとりこれを撃退。

理論に行動が伴い、加えて軟派方面も押さえているというのに、これ以上何を晋作に求めるか。

長崎で上海行きの船を待つ間に芸者を身請けして同棲するも、いざ乗船の際に費用が不足し、件《くだん》の女をまた売り戻したなど、確かに女性ファンならずとも眉をひそめるだろうが、なに、ニヒルでアナーキーでアンニュイな晋作の一面を物語って豪傑たるもの——といくらでも弁護は可能である。

この時芸者を売り飛ばさなければ晋作の上海行きもなく、土産の銃が龍馬の手に渡ることもなかった。

晋作にこのニヒルさがあったればこそ倒幕の原動力になり得たのだと考えたい。芸者さん、ありがとう。

幕末期に活躍した志士の多くが下級武士出身者であったのに、晋作は二百石取り馬廻役《うままわりやく》という上級武士の家に生まれている。

この点のプライドというか、視座の高さというのか、そこから生まれたであろう覚悟と決断力は他の志士達とは一味違って凄みがある。

九歳の頃に患った大病のために顔面に残った痘痕《あばた》も多感な青年期のなにやらのエネルギーにはなって晋作の背中を押しただろうし、長じての肺結核基地から発信してくる死のシグナルもアクセルを精一杯に踏ませた筈だ。

その行動の裏付けをしたのが、師、吉田松陰の薫陶であり、弟子は最期まで教えを守った。

十九歳にして入門した吉田松陰の「松下村塾」で晋作はココロの筋肉を強くした。晋作は生涯を〈吉田松陰〉というエンジンを乗せて幕末の景色の中を駆け抜けた。弟子は師に恵まれ、師も弟子に恵まれた。

乱世を動かした〈思想家〉＋〈行動家〉の典型的な成功例だろう。

今日の人気などニヒルな晋作は歯牙《しが》にもかけないだろうが、近江《おうみ》屋事件のひとつの席を彼に譲って龍馬と二人してのピストルでの応戦シーンが加われば――と「ｉｆ」の世界で遊んでいたら、既に同年の春には数え二十九歳の若さで逝ってしまっていた。

明治新政府成立後も晋作が存命であったなら、桂小五郎、伊藤博文、井上馨、山県有朋《やまがたありとも》など長州勢は元より、西郷、大久保たち薩摩勢も一目置かざるを得ず、その後の日本の進路をも変える程の実力者となっていただろう。

絵にある言葉「面白きこともなき世を面白く」は、死の床で晋作がここまでを詠《よ》んだところで咳込《せきこ》み、同居していた野村望東尼《もとに》が「すみなすものは心なりけり」と付けたらしいが、ほんにモトニは余計なことをしてくれた。

途中で断絶していた方が、いっそ晋作らしく余韻が残るというものである。

「――心なりけり」なんぞと結ぶとは、晋作のスケールも死生観も弁《わきま》えず、小さき人がしゃしゃり出てスミを塗ったものである。

付けられた句を聴きながら息を引き取らされた晋作はさぞや「そりゃ違うぜ」と顔の前で手を振りたかっただろう。

いや、晋作のことである、死後のことなど、お好きなようにと手の位置を耳の横に構えたと思いたい。

（たかすぎしんさく）１８３９—１８６７◉幕末の志士として活躍した長州藩士。松下村塾に学び、のちに幕府使節随行員として上海に渡航し欧米列強に蹂躙される清国を見て、日本の将来を憂い過激な尊攘活動を行う。下関防備のため奇兵隊を組織。一時脱藩して功山寺で挙兵。藩内の幕府恭順派を追放し、藩政を倒幕へと転換させる。第二次長州征伐においては、幕府軍を相手に活躍。しかし、肺結核のため維新を待たずに死去。

【高杉晋作】 その晋作は、高杉る

かくすれば
かくなるものと
知りながら
已むに已まれぬ
大和魂
吉田松陰
ILLUSTRATED BY
H.KUROGANE
2010
SHOIN YOSHIDA

【吉田松陰《よしだしょういん》】松陰とすれば、馬鹿を射よ

吉田松陰が松下村塾を開いた当時、長州藩の総人口は約三十万人、うち就学率十三パーセント、つまり三万と九千人ほどがそれぞれにあちこちで学んでいた訳である。

長州には藩校としての明倫館があったが、軽輩者は入れなかった。

軽輩、すなわち松下村塾の方に集まった面々の総数約三百三十名。

中には高杉晋作のような上士も含まれる。

日頃の収容数は十名前後。

この門下生から、高杉晋作、久坂玄瑞《げんずい》、伊藤博文、山県有朋、山田顕義《あきよし》、吉田稔麿《としまろ》、入江九一《くいち》、品川弥二郎、前原一誠、時山直八、赤根武人《たけと》、野村和作等々の、明治日本のリーダー達が輩出されたのは、その規模からすれば奇跡中の奇跡という他はない。

それ程までに松陰先生が凄かったという事実をまずは認めておいて、次には弟子もまた優秀であったのだと考えない訳にはいかない。

優れた師あれど、ことごとくその弟子達の凡夫なれば、のちの松下村塾たり得なかった。

では、こなた松下村塾に集った弟子達が優秀であり、かなた明倫館の方にはアホばかりであったのか。

そんなことはなくて、学問に対する両者の質が違った。

実学重視の松下村塾と、最終的に学者や教養人を目指す他の学舎《まなびや》との進路の違いがあり、それぞれの船の舵《かじ》取りとしての師の質も自《おの》ずと異なったからであろう。

実学ばかりでは、行動のあとが続かない。

師、優秀なれど、弟子、凡なれば学成り難く、弟子、優秀なれど、師、凡なれば、これもまた学成り難し。

師、凡にして、弟子、また凡なれば、国、すなわち凡。

塾生から、明治新政府の高官となった人物は多いが、志《こころざし》半ばにして、自刃や刑死した数も多い。

松陰の教えは明治維新の精神的支柱となったが、彼は思想だけの人ではなく行動の人でもあった。

尊皇攘夷論者でありながらただ欧米列強を怨嗟《えんさ》するのではなく「敵を知らなければ闘えない」と二度の密航を試みる。

一度目は、ロシア船に乗り込もうと長崎に急いだが、既に出航済みで果たせない。

二度目は、下田に停泊中のポーハタン号に乗り込むものの、アメリカへの同乗は拒否されて叶《かな》わなかった。

この時、松陰二十五歳。

幼少から秀才の誉《ほま》れの高かった松陰は、十一歳にして藩主に御前講義をしている。

江戸遊学に際しては佐久間象山のもとで「西洋兵学」と「蘭学」を学んだ。

松下村塾に於ける松陰の教え方は、マンツーマン方式で、徹底的に生徒を誉めて長所を伸ばした。

「過激思想家」「ナショナリスト」「若者殺し」「極右の煽動家」など、松陰には物騒なレッテルが貼られることが多いが、教育者という点から見れば理想的である。

貼られたレッテルからは程遠い松陰の素顔があった。

品川弥二郎の証言。

「松陰先生はいかにも厳格で激烈な人柄だったと思われがちだが、けっしてそうではない。実に温順で三百人の門下生が一度も先生から叱られたことがなかった」

渡辺蒿蔵《こうぞう》の証言。

「先生が怒ったことは知らない。人に親切で、誰にでもあっさりとして、ていねいな言葉使いの人であった」

一方、老中間部詮勝《まなべあきかつ》の暗殺計画も隠すことなく公然と推し進めていく。

藩の要人、周布《すふ》政之助にその暗殺の許可を申し出たり、大砲の貸し出しを頼んだりと、全く裏のない松陰の面目躍如たる企てであった。

師の暴走に、高杉晋作や久坂玄瑞らは、必死に自重を促すが、松陰先生答えて曰《いわ》く、

「僕は忠義をする積もり、諸友は功業をなす積もり」

との名文句を遺す。

次は、下田での密航失敗後、江戸に護送される途中に立ち寄った泉岳寺で松陰が書き遺した言葉である。

「かくすれば、かくなるものと知りながら、やむにやまれぬ大和魂《やまとだましい》」

一八五九年十月二十七日
吉田松陰、江戸で斬首《ざんしゅ》。三十歳。

松陰の生き方の全てが教育であり、全くブレることなくその信念を貫いた。

師、松陰の死は高杉晋作を始めとする塾生達の「維新」への想いに拍車をかけることとなる。

天空へと真っすぐに伸びる節の無い竹のような松陰の人生は、突如として断絶したが、塾生達によって明治へ、日本のその後へと根は張り続けた。

西郷隆盛は彼等を「松下村塾党」と呼んだ。

（よしだしょういん）１８３０—１８５９◉山鹿流兵学師範の吉田家の養子となり教育を受ける。海外密航失敗後は、萩で幽閉生活を送りながら松下村塾を開き、維新の指導者を多数育成。幕府の日米修好通商条約無断締結に怒り、老中・間部詮勝暗殺を計画するが弟子の同調が得られず頓挫。安政の大獄により斬首。

井伊直弼
茶非茶
非非茶
只茶耳
是名茶
ILLUSTRATED BY
H.KUROGANE
WELCOME TO THE WORLD OF LAUGHTER

【井《い》伊《い》直《なお》弼《すけ》】井伊、自分で直弼

現職の大老が、しかも江戸城の門外という場所で襲撃されて首を取られた。徳川幕府の権威を失墜させせた前代未聞の大事件が「桜田門外の変」であった。大老、井伊直弼についいては後に回して今も人口に膾炙《かいしゃ》し、日本人の美意識を奇妙にくすぐり続けるこの「変」を「色」に絞って検証してみたい。

登場人物達の精神面のこもごもはさて措き、「変」を取り巻く景色、つまり舞台装置だけを観察することによって日本的な精神性といわれる「もののあはれ」感を手前で支える「雪月花」との関係が浮き彫りになるのではないかしらんと考えた。

タイトル、桜田門外の変。〈桜＝ピンク〉

安政七年（１８６０、半月後、万延と改元）、三月三日、桃の節句。〈桜＝ピンク〉

登城開始を告げる太鼓が打ち鳴らされる。〈太鼓＝音＝音符＝黒〉

時刻、五ッ半（午前九時）、天候、夜明けからの雪。〈雪＝白〉

降りしきる牡丹《ぼたん》雪と、積もった足元が井伊家の行列を遅らせる。〈牡丹＝ピンク〉

井伊家上屋敷から桜田門までの距離は五町（約五百五十メートル）。〈直弼＝赤鬼＝赤、井伊家赤備え＝赤〉
井伊家徒士《かち》以上二十六人、足軽以下四十人、計六十余人。襲撃側、水戸浪士十七人、薩摩浪士一人、計十八人。
大老を乗せた塗り駕籠《かご》が進む。〈駕籠＝黒〉
銃声一発。〈銃声＝音＝音符＝黒〉
鮮血。〈血＝赤〉
ピンク―ピンク―黒―白―ピンク―赤―黒―黒―赤。
白い画布に、ピンクと赤とが点在し、三ヶ所に黒点を配した絵画的美しさを発見する。
画面中央部に視点を集める黒い四角形の斜め下部に、ピンクと灰色に朱色の混じる丸いモノが転がっている。
黒い駕籠と、大老井伊直弼の首。
人類史上、首が胴体と繋がったままで死亡した場合と、切断された数とを比較すると、圧倒的に前者が多かろう。
少数派の切断派の中にあっても刑死を除けば、生前の大老という地位は堂々たる、北（？）の横綱だろう。
何故に、その首が胴体と切り離されることと相成ったのか。

大老はおろか、その資格を有する前段階の彦根藩井伊家当主の座すら覚束《おぼつか》ない十四男として生まれ、他家養子の口もかからず、自らの住まいを〝埋《うも》れ木〟などと口唇《くちびる》を尖《とが》らせて日暮らすうちに、ああら、盲亀《もうき》の浮《ふ》木《ぼく》、優《う》曇華《どんげ》の花、兄達がばったばったと死に絶えて、たちまち回り来る跡取りのお鉢。

鉢の中を覗き込むこの時の直弼を忖度《そんたく》する為に、絵に添えた彼の言葉をヒントとしてみよう。

茶非茶　非非茶　只茶耳　是名茶
(茶は茶に非ず、茶に非ざるに非ず、ただ茶のみ、これ茶と名づく)

三十二歳までの持て余す暇にあかせてか、禅、居合い、国学、茶道などに拘泥した彼が、茶に対しての禅問答、下世話にいえば判じ物のような自説をまとめてみせたものだが、どうでしょう。

独善的な面に加えて、傾奇者《かぶきもの》の気配も漂わす、チャ！　チャ！　チャ！　のリズム。自信家としての断定振りと、コピーライターばりの茶目さを男らしさに繋げる向きもあろうが、その意を支える静脈の浮き上った腕に震える女々しさを感じるのは、僕の僻目《ひがめ》であろうか。

大老就任の沙汰《さた》に対して「大任恐れ入り奉る」と恐縮してみせながらも内心は大喜びしたことであろう。

平穏な時代なら、その首が千切れることはなかったが、彼が小躍りしながら大老職を引き受けた頃の我が国は既に激動期に入っていた。

よく「開国の父」と称される直弼であるが、前任の阿部正弘や堀田正睦《まさよし》などによって、条約調印へと進む路線は決定済みであったから、彼の大英断などではなく、なんと急進振りは交渉担当の下田奉行と目付の裁量による独断専行にこそあった。

直弼も慌てたが、条約調印に天皇の許可証である〝勅許〟がなかったことから世論へと飛び火して幕府への批判として燃え上った。

これ鎮火せずんば秩序は保てじとばかりに直弼は眼をむいて膝《ひざ》を乗り出した。

安政の大獄の始まりである。

怪しやと眼をつけられると攘夷派でなく開国派であっても捕まった。

橋本左内や吉田松陰など、「遠島」の刑であった筈が罪一等重くして「死罪」となる始末。直弼一人に集中する怨嗟の声を跳ね返す為に取り締まりは一層ヒステリックになった。

自信家が一度パニックのような精神状態となると過剰に反応するものらしい。

決断には常に善し悪しの両面が伴う。

徳川幕府というそれまでの具象画は、桜田門外の変以降のしばらくを抽象画とした。描かれてしばらくは衆目は混乱と見たが、時を経て構図の秀逸さに見とれた。

後世の眼は、この時期の調印を致し方なしと見るようだ。欧米列強との戦火を避けて、その属国となる可能性の芽も摘んだとの評価もできる。

前半に於いて、直弼に冷た過ぎたようである。

大老と雖も、彦根藩十三代当主と雖も、茶の道の泰斗と雖も、禅や国学に詳しいと雖も、居合いをよくすると雖も、井伊直弼と雖も、我々と大差ない一人の人間であった。

一人の人間に、幕末という、二百六十年の間温存した価値観をひっくり返す時代の決断を求めること自体が無理というものであった。

個人的レベルでは直弼も時代の奔流に飲み込まれた一人であるが、リーダーの資質の第一条件が自己犠牲であるなら、井伊直弼、以て瞑《めい》すべし――。


（いいなおすけ）1815―1860◉最有力譜代大名・彦根藩主の十四男として生まれながら藩主となる。京都守護職を経て、大老に就任。一橋派、南紀派に分裂した将軍後継問題では強引に紀州の慶福（のちの家茂）を世子に据え、また日米修好通商条約を勅許を得ぬまま締結し開国を進める。さらに攘夷派、反幕府勢を安政の大獄で粛清。桜田門外の変で凶刃に斃れる。独断専行ばかりが目立つが、稀代の現実的政治家との評価も高い。

写楽
蔦屋重三郎
?
北斎
哥麿
ILLUSTRATED BY
H.KUROGANE
SHARAKU

【東洲斎写楽《とうしゅうさいしゃらく》】月のシャラク

写楽ではないか？　と主張される名前を並べるだけで本稿の枡目《ますめ》の全ては埋まってしまう。

写すだけの当方は楽、すなわち〝写楽〟だが、貴方《あなた》は怒るでしょうねえ。

写楽が姿を現わした十ヶ月間のアリバイがなく時代が重なってさえいれば、奇妙な人物であってもその位置に据えることは可能である。

「北斎」でやってみましょうか。

「北斎」の「北」は「北斗（七星）信仰」から拝借したものだから、自分の画業に自信の持てる時代以前はそのままに使用することは憚《はばか》られた——ともっともらしく始める。

そこで「北」を「東」に、「斗」は十分の一の「升」に洒落《しゃれ》て、「星」は「セイ」と音読みにして三文字を繋げれば、ハイ！〈トウ〉〈ショウ〉〈サイ〉写楽の出来上り。

ミステリーもどきの木ばかりを見て歩いたのでは、全体の森の素晴らしさを見落としてしまう。写楽探しが「木」であるなら「森」は本来の絵である。

本来的な絵の楽しみに立ち返って初期の大首絵を眺めてみると、圧倒的な解放感に、正体なんかはどうでもよくなる。

写楽の名は、突然に、かのレンブラント、ヴェラスケスに並ぶ世界三大肖像画家の一人として数えられた。

日本の美を再認識する役どころは、多分に外国人の眼が務めてくれるようである。

明治四十三年（１９１０）、ドイツ人の美術研究家ユリウス・クルトが、その著書『ＳＨＡＲＡＫＵ』で、写楽をレンブラント、ヴェラスケスに並ぶ風刺画家であると激賞したことから、ブームに火が点いた。

それまで国内に於ける写楽は火の気どころか、煙すら立たぬ程の評価であったのに、外国人に誉められたとたん、眼から火を噴き砂埃《すなぼこり》と共に日本人による「写楽探し」の騒動が始まった。

クルトは江戸末期に生きた斎藤月岑《げっしん》が書いた『増補浮世絵類考』に、多くを頼った。

写楽について、月岑は次のように記す。

「写楽、天明寛政年中の人、俗称、斎藤十郎兵衛、居江戸八丁堀に住す、阿州侯の能役者也。号東洲斎」

これを裏付ける証拠の、徳島（本行寺）に遺る写楽の過去帳と墓が、大正年間に捏造されたものであるとの疑惑が浮上して一気に「写楽探し」レースのスタートは切って落とされた。昭和初期の頃である。

考えてみれば写楽はそのデビューからしてミステリアスであった。新人がいきなりに二十八枚もの大判の黒雲母《くろうんも》摺《ずり》大首絵を引っ提げて、しかも版元は江戸屈指の蔦屋《つたや》。なにやらの都合でもあったのか、はたまた演出か、とにもかくにも騒ぎの因《もと》は蔦屋重《じゅう》三郎《ざぶろう》にある。

本人までも写楽説の一人に数えられて、さぞや泉下の蔦屋も苦笑い。

その蔦屋に出入りする山東京伝、十返舎一九、葛飾《かつしか》北斎、喜多川歌麿《うたまろ》などが、そろって写楽の正体について口を噤《つぐ》んでいることも、ミステリーの面白さに拍車をかけ、加えて当時人気随一の歌麿と蔦重との確執も花を添える豪華さ。

『白うちかけ』の自賛に、歌麿は蔦重を非難するような文言を書き込んでいる。

「――板元《はんもと》の鼻ひしげ――」今一点、『五人美人愛敬競《あいきょうくらべ》』の絵の中の手紙の文面にも、

「――人まねきらひ、しきうつしなし――」とある。

享和二年（1802）に、式亭三馬の『稗史億説年代記《くさぞうしこじつけ》』の中の、当時の有名絵師達の勢力分布を地図に譬えた挿絵に、写楽が他とは離れた島として描かれていることも謎の勃起に手を添えた。

以後、時代ごとに、次々と名探偵が名乗りを上げ、自説、奇説、珍説、愚説を開陳し続けることとなった。

様々な写楽説が乱立する一方で、捏造とされた筈の斎藤十郎兵衛説がその後の調査と研究の結果、実在が検証されたにもかかわらず、今も探偵ごっこが続くのは、謎は解きたし、解かれちゃ嫌よ的衝動に因るのだろう。

写楽の本名は、斎藤十郎兵衛であった。

斎藤十——藤十斎——東洲斎というアナグラム。

振り出しに戻ったかのようだが、謎は一筋縄ではない。

二期以降はともかく、一期大首絵二十八枚には依然として疑問が残るのだ。

先の歌麿の絵の中の言葉が大ヒントではなかろうか。

「板元の鼻ひしげ」と「人真似嫌ひ、敷き写しなし」。

以下は妄想。

蔦重（以下蔦）「何、描いてんだ？」

歌麿（以下歌）「落書き」

蔦「面白いじゃねえか」

歌「こんなもん、いくらでも描けらあ、ほれ、もう二十八枚」

蔦「これ、うちから出さねえか」

歌「やなこった、オイラ、出かけるぜ」

歌麿が描き散らしたデフォルメ満点の二十八枚の大首絵が残された。

あとは斎藤十郎兵衛が敷き写した。

（とうしゅうさいしゃらく）生年、没年ともに不詳◉1794年から翌年にかけての十ヶ月ほどの期間に百四十点余の錦絵を出版したのち、忽然と姿を消した謎の浮世絵師。作品の大半は歌舞伎狂言の役者絵で、わずかに相撲絵がある。作品の制作時期は四期に区分されているが、「二代大谷鬼次の奴江戸兵衛」をはじめとする、役者の特徴を誇張しデフォルメを利かせた初期の大首絵（半身像）が代表作とされる。

田沼意次
賄賂と腐敗
OKITSUGU
革新的政治家
TANUMA
一分銀
ILLUSTRATED BY
H.KUROGANE

【田沼意次《たぬまおきつぐ》】これで、ひとつ、田沼

「田沼意次」の名前を聞くと反射的に「賄賂《わいろ》政治家」と書いた豆ランプが薄暗い我が脳内に点《とも》る。

幼児期から大いにそのように聞かされ刷り込まれた所為《せい》だろう。

人格を全否定されたかのような、現在にも繋がる「タヌマ」振りではあるが、結構な政治家であった証拠も数多く残している。

タヌマさんの生きた時代を背景にして比較した場合に、現代にいう賄賂と、すっきりとすり替わるような性質のモノだったのか。

あったとしても「越後屋、その方もワルじゃのう」「お殿様には敵《かな》いませぬ」「ワハハ」「イヒヒ」「ワハ、イッヒヒ、ワッハッハ」というような雰囲気では、なかったのではないか。

現場に立ち会った訳ではないから、賄賂自体があったかなかったかも判然とはしない。

現在でも、日本人は贈り物から賄賂臭が立ち昇っていても、双方ともに気付かない素振りの大人の対応（？）が板についている。

お中元やお歳暮は、あっけらかんとした西洋のＰＲＥＳＥＮＴとは異なった、日本独特の趣《おもむき》を含み持っている。

情けない、とは思うけれど、西洋人に比べて日本人は他人《ひと》様の賄賂を堂々と糾弾できる資格に於いては、劣るのではないのか。

僕の身体からアトランダムに切り取った細胞を顕微鏡で覗いたとすると、小さな「タヌマ君」が座っているような気がする。

我が「タヌマ」細胞はさて措き、田沼意次の悪名を定着させるに至った理由をチェックしてみる。

曰く、将軍に取り入っての異例の大出世。

曰く、将軍の権勢を笠《かさ》に着ての独裁政治。

これに冒頭の「賄賂」を加えて日本を代表する「汚職政治家」が出来上った。

確かに意次の出世振りは異例中の異例である。六百石の小姓を振り出しに、上りは五万七千石の老中だ。

良すぎる賽の目は嫉妬《しっと》されても不思議ではないが、運と賄賂で老中にまで昇り詰められるものであろうか。

嫉妬の煙は、意次の考えと能力が理解できない既得権を邪魔された反対勢力の身もだえから立ち昇った。

意次の業績をつぶさに見ていくと、革新的な政治家であったことが判る。

当時の幕府の体制は疲弊しきった末期状態にあり、財政危機は深刻だった。

米（年貢）本位制は限界にきていた。

農業中心の世の中から商業へと移行する時代にあっては革新的な政治家の出番である。

そこで意次は、重農主義から重商主義への転換をはかるが、当然に旧勢力との間に軋轢《あつれき》が生じる。

意次のとった政策を並べてみる。

外貨の獲得の為、長崎貿易に力を入れた。

金貨と等価交換できる銀貨の鋳造。

販売の独占権を与えた商工業者の株仲間から税を徴収し、景気刺激による内需拡大。

印旛《いんば》沼の干拓、蝦夷《えぞ》地の調査。

鉱山開発。

学問では蘭学《らんがく》を保護し、平賀源内や杉田玄白などの後ろ盾にもなった。

打つ手は理に適《かな》ってはいたが、如何《いかん》せん、自然が敵に回った。

浅間山の大噴火、目黒行人坂《ぎょうにんざか》の大火、天明の大飢饉《ききん》などの天変地異が意次の政策を嘲笑《あざわら》うかのように次々に襲いかかる。

全ては意次の失政であると反対勢力が騒ぐ。

自然災害まで押しつけられては敵わない。そんな時、意次の子の意知《おきとも》が江戸城内で斬りつけられ横死してしまう。

更に不運が追い討ちをかける。

意次の庇護《ひご》者であり理解者でもあった十代将軍家治《いえはる》が死んだのだ。

潮目は完全に変わった。

反田沼派はここを先途と攻めまくる。

明治を百年も先取りしたかのような意次の改革も水泡に帰した。

意次を失脚させて、代わりに老中となった白河藩主、松平定信によって、その功績は徹底的に粉砕された。

定信が「田沼時代」の痕跡抹消にかけたエネルギーはパラノイア的である。

老中を免ぜられた意次は領地の二万石を減ぜられ、次いで蟄居《ちっきょ》命令、残る三万七千石も召し上げられて、居城（相良《さがら》城）も没収。

更に、定信は二千六百の兵を差し向け、城および屋敷、家臣の居宅までことごとく破却。

意次が埋め立てた中州の堀を、元の川へと戻すに至っては異様としかいいようがない。

意次の改革を全否定して始まった松平定信の「寛政の改革」は大失敗に終わる。

〈白河の清きに魚もすみかねて元のにごりの田沼こひしき〉

狂歌は「にごり」と田沼時代を形容してみせるが、庶民には意次の高邁《こうまい》な考えなど理解の外であったろう。

意次の蟄居する屋敷に向かっての投石と罵声《ばせい》は絶えることがなかった。

いつの世も庶民の大半は思慮浅い。

天明八年（1788）、田沼意次逝く。没年七十歳。

（たぬまおきつぐ）1719—1788●旗本の息子として江戸に生まれ、のちの九代将軍・徳川家重の小姓となり、やがて御側御用取次を経て一万石の大名・遠州相良藩の初代藩主となる。さらに家重亡き後、十代将軍・家治にも取り立てられ、側用人、そして老中にまで昇進する。積極的な景気刺激・内需拡大政策、実力主義の人材登用などを推進するが、家治の死後失脚。所領、財産を没収のうえ蟄居を命ぜられ、失意のうちに没する。

「レイロー（railroad＝鉄道）は
シチンボール（steamboat＝蒸気船）の
からくりに
同じと申事ニて
御坐候」
ジョン万次郎
John Mung
ILLUSTRATED BY
H.KUROGANE
WELCOME TO THE WORLD OF LAUGHTER
H. Kurogane

【ジョン万次郎《まんじろう》】リトマス・ジョン万次郎

最初にアメリカに渡った日本人であるにもかかわらず、最初の本格的な英語教育者であるにもかかわらず、最初に西洋の航海術を体得し、最初に汽車に乗り、最初のゴールドラッシュの体験者であるにもかかわらず、ウェブスター辞書とミシンを持ち帰ったにもかかわらず、坂本龍馬や岩崎弥太郎に開国思想を諭したにもかかわらず、インディ・ジョーンズも顔負けの冒険家であったにもかかわらず、しかもノンフィクションであるにもかかわらず、他にも、もっと、まだまだ、更にたくさんのチャーミングポイントがあるにもかかわらず、我が国に於けるジョン万次郎に対する評価は不当に低い位置に置き去りにされている。

外の国に於いて成功した、或いは貴重な体験をした人々に対して日本人社会は冷ややかな反応を示す傾向があって、それ、国際化だ、やれ、グローバルだ、なんぞと騒ぐわりには実体が伴わず、現代にまでこの根っこは深部で繋がっている。

幼児期の万次郎のヤンチャ振りは、荒くれ者の多い土佐の漁師の子供達の中にあっても群を抜いていたようだ。

十四歳となった天保十二年（１８４１）の正月五日、万次郎達五人は鰹船《かつおぶね》に乗り込んで漁に出たが、暴風雨に見舞われて南へと六日の間流されて鳥島に漂着。

アホウドリを殴り倒してその生肉を喰らいながら百四十三日を生き延びたところをアメリカの捕鯨船に救《たす》けられる。

船名は、ジョン・ハウランド号、船長はウイリアム・ホイットフィールド。

ヤンチャのマンジュウの皮に隠れていた万次郎のアンコは利発であったらしく、その才に気付いたホイットフィールド船長は、少年に学問を足してやりたいと考えた。

ジョン・ハウランド号はハワイに寄港し、万次郎を除く四人を降ろすと、南太平洋、南氷洋で捕鯨をしたのち、南米ホーン岬を経て東海岸の当時アメリカ最大の捕鯨基地であり、世界で一番繁栄していた町、ニュー・ベッドフォードへと帰った。

現在、偽善的（？）な団体から集中砲火を浴びる観のある我が国の調査捕鯨だが、十九世紀半ばのアメリカの基幹産業が捕鯨であったことを彼等は知っているのかしら。

とまれ、この港からほど近い町、フェアヘヴンで、万次郎は船長の計らいによって教育を受けることができた。ホイットフィールド船長のこの好意は、ヒトとしてずば抜けて美しいが、アメリカ全土に同タイプの人間が存在した訳もなく、勤勉にして清廉な、建国に汗した清教徒《ピューリタン》達が多く住む町であったことが万次郎の幸運。

万次郎は船長の家に寄宿しながら、航海や測量の技術を教えるバートレット・アカデミーに学ぶ。日本人初のアメリカ留学生として四年を過ごした万次郎は一人前の船乗りとしてフランクリン号に乗り込み、捕鯨航海へと出帆する。

いまだ日本は鎖国の状態で、帰国すれば死罪は確実だったから、仙台沖にまで接近しながら万次郎は上陸を果たせない。

ヴェテラン航海士に成長する一方で、万次郎の望郷の念は深まっていく。

フランクリン号での報酬は予想よりも少なく三百五十ドルで、旅費には不足であった。そんなとき万次郎が、ふと目にしたのが、カリフォルニア金山鉱夫募集のポスター。七ヶ月をかけて船旅でサンフランシスコに到着した万次郎は、その足で金山に入った。フォーティーナイナーズ（1849年にゴールドラッシュに参加した人という意）の中の唯一の日本人であった。

金山での収入の六百ドルを持ってハワイへと向かい、百二十五ドルでボートと船具一式を準備し、琉球《りゅうきゅう》上陸を企てた万次郎の最後の〝冒険〟は成功する。

1851年、難破から実に十年が過ぎていた。鎖国に伴う刑法の変化も万次郎の予測のうちにあった。薩摩、長崎、土佐へと護送される身柄はあくまで罪人だが、開国へと向かう時代の風は万次郎の背中を押して味方する。

海外情報を欲しがる事情は土佐藩も同様で、少し前なら斬首となった罪人が、定小者《さだめこもの》一人扶持《ぶち》、苗字帯刀を許されて中浜万次郎を名乗る。

二年後の嘉永六年（1853）、ペリーが浦賀へとやってくる。

もはや、日本国随一の万次郎のアメリカ情報に頼らざるを得ない幕府は、御普請役《ごふしん》、二十俵二人扶持の、十分どころか歴《れっき》とした直参旗本として江戸に招く。

日米両国が、開国を巡って勃起する交渉の場に万次郎の姿はなかったが、アメリカ側の『ペリー提督伝』には、「――隣接する部屋で、姿は見せずに英語通訳として積極的に働いた――」とある。

続いても万次郎は超人的な貢献ぶりを見せる。

『新実用航海書』の翻訳、軍艦教授所教授任命、捕鯨指導の為に函館赴任、小笠原近海への捕鯨出漁命令と、他に人材を持たない幕府は万次郎一人をこき使う。

更には、通弁主務として咸臨丸で渡米、帰国するや小笠原諸島の開拓調査命令、一番丸船長としての捕鯨、薩摩開成所の教授、土佐藩船舶購入の為に上海渡航、明治新政府の開成学校教授就任、欧州渡航――。これでは、倒れても不思議はない。倒れた。

四十四歳にして脳溢血《のういつけつ》で倒れた万次郎は、以後七十一歳まで隠遁《いんとん》生活を送ることとなる。

エネルギッシュな動の頂点のような万次郎の前半生に比べての、極端な後半生の静の沈黙には、つい下を向くが、寝具の中の彼は退屈することはなかったと思いたい。

勝海舟や山内容堂との交際、もしかすると面会もあったであろう坂本龍馬のこと、アメリカにいたやもしれぬ初恋のヤンキー娘。

日本名物、島国根性と、狭量からくる嫉妬の気分とが捩《ねじ》れながら絡み合って、素直な評価から遠い所へと逃げてそっぽを向く。

土佐沖の太平洋上に、度々目撃したであろう外国の捕鯨船の白い帆に、海が世界へと繋がっていると実感した龍馬や万次郎の独特な〝土佐人気質〟。

日本の恩人、ジョン万次郎に対する歓心と人気が、そのままに現代日本の国際性を測るリトマス試験紙とはいえまいか。

ペリーの黒船来航の際、国内で驚かなかったのは土佐と長崎だけであったとも伝わる。

（じょんまんじろう）１８２８―１８９８◉足摺岬にほど近い土佐国（現・高知県）幡多郡中ノ浜の漁師の二男として生まれる。漂流後アメリカで捕鯨船員として暮らせるようになっていた万次郎が、死罪になる危険も顧みず帰国したのは、やがてアメリカが日本に開国を迫った際、もしそれを拒めば武力で占領されることもありうると憂い、アメリカの情報を祖国にいち早く伝える必要を感じたからであったといわれる。

中岡慎太郎
いったん
干戈動き
人心
あらたまり
申さずては
なかなか
攘夷も何もでき申さず
ILLUSTRATED BY
H.KUROGANE
WELCOME TO THE WORLD OF LAUGHTER

【中岡慎太郎《なかおかしんたろう》】なんか、おかしいんだろう

「いったん干戈《かんか》動き、人心あらたまり申さずては、なかなか攘夷も何もでき申さず」

干戈、すなわちタテとホコを使っての武装蜂起《ほうき》以外には攘夷の完遂は叶わないと、土佐の同志に書き送った右の檄文《げきぶん》を見て、流血も辞さぬ強硬姿勢から「過激な倒幕派」のイメージを中岡慎太郎に持ち易いが、さほどに彼は単純な人物ではなかった。

攘夷には「小」と「大」とがあって、極端に急進的なものを「小攘夷」、他の意見も取り入れる柔軟性を持つ「大攘夷」の二種に分かれるが、慎太郎は時節に対応して、小から大へ、そして小としなやかである。

事ここに至っても右往左往、付和雷同する幕府を見て、かくなる上はと、大から小へと決意を戻した頃の書簡だが、かく慎太郎は、その折、その時に何が最善であるかを考えたリアリストであった。

「大政奉還」のアイデアに気付いた慎太郎はいち早く同志達に説いて回ってもいる。

凡《およ》そ、慎太郎には自らの功績を他人《ひと》に誇るところがない。

品《ひん》というか、板についた慎太郎の自己犠牲振りは、出自にその萌芽《ほうが》を見る。

土佐国安芸《あき》郡北川郷の大庄屋《おおじょうや》の長男として生まれるが、苗字帯刀を許された特権以上に、そのポジショニングは独特であった。

「庄屋」と聞くと、近在の百姓達の束ね役、相談役と思いがちだが、古来その職は天皇直々《じきじき》の任命で、大政を委任されたとする幕府、すなわち武士身分と同等であると慎太郎が考えても奇妙ではない。

坂本龍馬と中岡慎太郎の対比はよくなされるが、実家が商家であり「均《なら》しの世の中」を考えた龍馬にして未来の議長の席に元将軍、徳川慶喜を据えようとした限界同様に、庄屋の長男という特殊なスタンスに生まれた慎太郎の精神面に於ける融通の利かなさは許されるべきだろう。

今、「薩長同盟」と聞くと「ああ、坂本龍馬の」と短絡しがちだが、最大の功労者は慎太郎だろう。

薩摩（西郷隆盛）と長州（桂小五郎）の仲を取り持つ一方、朝廷（三条実美《さねとみ》等）側との政治工作も抜かりなくこなしている。

とても融通の利かない漢《おとこ》の仕業とは思えない。

表面上は、二人がイーヴンにタッグを組んだかのように見えるが、骨折りの量に於いては圧倒的に慎太郎が勝っている。

歴史上のスターの活動量がその名の大きさと比例しないことは世界的慣例だ。

それぞれに役どころを弁《わきま》えての結果として、主役と脇役とに分かれる。

主役となった龍馬の移動力も凄いが、脇役を引き受けた慎太郎のそれは「中岡は觔斗雲《きんとうん》に乗っている」と噂された程に上を行く。

神出鬼没ぶりでも両者は四つに組んで譲らないが、海援隊と陸援隊、それぞれに、こなた海路、かなた陸路と、まるで洒落のようにスタンスも分ける。

慎太郎は觔斗雲を持ち腐れにはしない。

主らしく、飛び乗り方も素早い。

「事、成れり」と見るや否や、その場を蹴って飛び去ってしまう。

「薩長同盟」の最大の功労者でありながら、盟友に名を成さしめても慎太郎はなんの未練も見せない。

先に書いた慎太郎の品の面目。

軸足が、いや、觔斗雲の基地が、狭く長州であった為か、天下の素浪人の立場の龍馬に比べての今少しの慎太郎の風通しの悪さは認めるが、高杉晋作の〈奇兵隊〉に想を得て〈陸援隊〉を創ってみせたのだから、幕末の悟空《ごくう》に無駄はない。

慶応三年（１８６７）、十一月十五日、戌《いぬ》の半刻（午後八時頃）、京都四条醤油商近江屋の上空に觔斗雲を待たせて、慎太郎は階段を上っていく。

前年の九月、三条大橋制札事件で奉行所の牢内《ろうない》にあった土佐藩士、宮川助五郎の身柄を陸援隊に引き取る相談の為との説もあるが、単純に龍馬の見舞いがてらの訪問だろう。

故郷を同じくするとはいえ、持ち場は日向と陰、表舞台と裏方、立場を海と陸に隔てるというに、何故に、この日、この時刻、この場所で、二人の英傑が同時に死ななくてはならなかったのか。

コインの裏表？

片面が表を見せるとき、裏は隠れるが、両の面が同時に消滅するとは、コインが曲がったか、刹那《せつな》、時空が歪《ゆが》んだか。

では、鏡の裏表？

襲撃者の剣が二人の肉を裂き、骨を断ったとき、鏡は割れた。

鏡の裏と表は、初めて顔を合わせた。

裏方に甘んじた慎太郎と、表の役として景色を映し続けてきた龍馬は、暗黙のうちに持ち場を分担した。

縁の下の力持ちと、屋根の上のヴァイオリン弾きの面会。

惨劇は終わり、二人の命の灯が消え去っても、龍馬を乗せた心象風景的な龍と慎太郎の觔斗雲は、しばらくは乗せるべき次なる騎手を待って近江屋の屋根の上に浮かんでいた。

（なかおかしんたろう）1838―1867◉土佐国（現・高知県）安芸郡の大庄屋の長男として生まれる。武市瑞山の土佐勤王党に加盟し志士として活動するが、藩内の尊攘活動への弾圧が始まると脱藩。尊皇攘夷から雄藩連合による武力倒幕へ活動方針を転換し、薩長同盟締結に尽力したことに代表されるように、各地の志士たちの連絡調整役として奮迅の活躍をなす。坂本龍馬とともに京都・近江屋で暗殺される。

【中岡慎太郎】なんか、おかしいんだろう

1000
MW123456Y
日本銀行券
千円
日本銀行
酔うては枕す
窈窕たる美人の膝
さめては握る
堂堂たる
天下の権
HIROBUMI ITO
ILLUSTRATED BY
H.KUROGANE

【伊《い》藤《とう》博《ひろ》文《ふみ》】博文、伊藤をかし

伊藤博文が満州ハルビン駅に於いて暗殺された明治四十二年（1909）、十月の翌月の十一月、それ迄も度々その好色ぶりを風刺していた『大阪滑稽《こっけい》新聞』は、その死を受けて一枚のポンチ絵を掲載する。

銃撃を受け、今まさに倒れんとする伊藤の影が「女」のカタチになっている。絵の中央部左に描き写したのがそれである。

死の直後にも糾弾の手を緩めない宮武外骨率《ひき》いる描き手達の気骨はさて措き、本稿は、日本初代内閣総理大臣、伊藤博文の女好きについて。

なんと、余りの好色ぶりは明治天皇から諫《いさ》められても一向に止まなかったというから、伊藤の股間《こかん》の筆、墨痕淋漓《ぼっこんりんり》と女の一字。

倒れながら脚を女のカタチに組んだ絵の右下に書いたのが、恐らく酔っ払って伊藤が詠んだであろう詩である。

酔うては枕す

窈窕《ようちょう》たる美人の膝
さめては握る堂々たる
天下の権
説明するも阿呆《あほ》らしい無防備ぶりで、病的と思えるほどの女好きは大事を成す為の精神安定剤の装置であったとテキパキと片付けたいが、今一件、伊藤の異なる側面を語る資料がある。

文久二年（1862）十二月二十二日、麹町《こうじまち》三番町に於いて国学者、塙《はなわ》次郎が二名の攘夷浪人によって斬殺《ざんさつ》された。

下手人は不明のまま事件はうやむやになったが、御一新なってから土佐の田中光顕《みつあき》が証言を遺す。

「あれは、イトーとヤマオがやったのじゃ」

ヤマオとは、のちの法制局長山尾庸三、イトーは伊藤博文。

史家、中原邦平が単刀直入に伊藤自身に質問している。

「塙次郎の件は閣下が殺《や》ったのでありますか」

事は殺人であるから、さすがの伊藤も輪郭は暈《ぼか》しながらも以下の証言をする。

「あの時は、実に危うかった——と申すのは、我が輩の着物に血がついておったのじゃ、血がついたままで幕吏の前を通り抜けたが、もし捕まっておれば万事は休したであろう」

自白したも同然の内容とは思うが、意識的に血の主の名を外したのは、修羅場を潜り抜けてきた反射神経か。

とまれ、この時捕縛されていたら総理大臣にはなれなかったし、憲法も、議会も、政党政治も、その実現は大幅に遅れたことであろう。

伊藤に関する、功績のみを数える教科書的な解釈の延長上に、のちの世に肖像を載せた千円札が舞うこととなった。

教科書的といえば、伊藤を語るとき、必ず吉田松陰門下、すなわち村塾出身者に数えられるが、本人の否定の言がある。

「世の中では、我輩が吉田松陰の塾に永くをつたやうにして、松陰の弟子のやうにいつてをるものがあるが、それは事実上間違ひであつて、我輩は松陰の世話にあまりならない、従つて先生のお教へも受けず、実際当人に会うたことは度々はない」

前述のように、ふざけた詩を書き、血刀を振り回した伊藤の言だから、松陰と門下生達に対するなにやらの屈折がかく言わしめた気配もないではないが、天保十二年（１８４１）生まれでは、村塾最盛期には間に合わない。

女好きも、ふざけた詩も、血刀も、村塾否定回顧も、伊藤の奇妙な正直さの証左といえる。

貧農の出身にして、のちに武家の養子となったものの、倉庫の荷役という最下級にあった伊藤の幸運というものは秀吉張りである。

幸運を支えたであろう伊藤の資質だが、けっして才気煥発《かんぱつ》型とは思えず、周りの引きによってスタンスを上げた愛嬌型であったようだ。

更には、幕末期に彼を引き上げてくれた先輩秀才達がことごとく先に死んでしまったというスラプスティック的な伊藤の幸運。

ロンドン留学以降、伊藤の才が華開く。

幕末期の混乱は、適材適所といえる伊藤という人物を明治に残してくれた。

無学は吸収の余地が多く、愚直さは疑いを知らない。

和洋を問わず、愛嬌はヒトの懐《ふところ》深くへと突き刺さる免罪符。

先進文明を熱心に見学して回り、素直に驚いた伊藤。

立憲政治体制の確立に奔走し、明治憲法を発布し、帝国議会を開設し、今日に至る政党政治の基をつくるという、まさに八面六臂《ろっぴ》の活躍をしてみせる。

伊藤には原理原則というものがなかった。

かくたる信念のなさは強固な武器となる。

状況に応じて弾力のある判断が下せた。

矜持《きょうじ》のなさ、つまりは恥知らずも武器となる。

女好きや、阿呆らしい詩は、成り上った地位の高さを低くして、安心の装置として作動した。

げに、伊藤博文とは、日本史上の奇妙な偉人である。

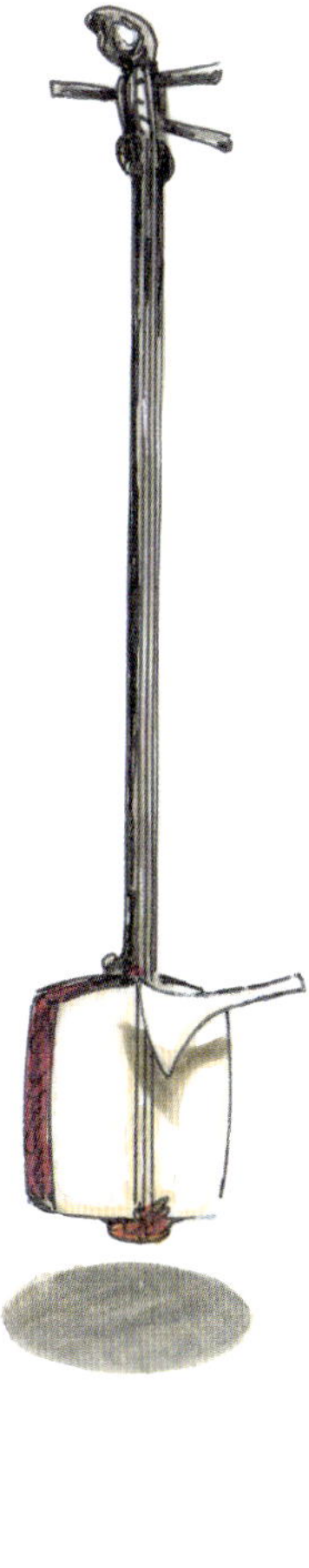

（いとうひろぶみ）１８４１—１９０９◉周防国（現・山口県）の貧農の家に生まれ、松下村塾に学ぶ。高杉晋作らと品川の英国公使館焼き討ちなど攘夷運動に参加。幕末に長州五傑の一人として渡英。語学と西洋事情に通じ、明治維新後は日本の近代化に尽力。自ら初代内閣総理大臣に就任し、大日本帝国憲法作成を進め、立憲政治の確立をなす。のちに韓国統監府の初代統監を務めるが満州のハルビン駅で暗殺される。

君臣ただ
京の地をもって
死処となすべし
松平容保

【松平容保《まつだいらかたもり》】会津はV

戊辰《ぼしん》戦争を挟んだ辺りを始めとして、会津を取り巻く景色は悲惨の一語に尽きる。節操なく暴発しかける幕末のエネルギーのガス抜きの役目を、会津一藩は担わされた。その後の明治新政府の会津への対応は〝イジメ〟のようにすら見える。会津の〝ヘコミ〟の分を、他の日本人が〝デッパリ〟として享受した。

時の流れをヒトが確認できるのは各時代の記録であり、個人的には想い出である。記録も想い出も〝言語〟によって成り立つ。

教科書的区分に従えば、安土桃山時代という期間が死に、江戸の時代が生まれ、明治がとって代わる。

移行が安産であったか難産であったかは記録の解釈に因る。

もはや息も絶え絶えの江戸は、会津を死場所に断末魔の叫びとともに明治に掴み掛かった。三百年を生きた証《あかし》を遺すべく会津に憑依《ひょうい》した。

蒸発しかけていた「武士道」「不屈の魂」、などの残滓《ざんし》をかき集めて、会津は江戸の記録としての句点となった。

江戸の気《け》が去った会津は辛酸に堪え、恨みを跳ね返し、義と不屈の精神を近代日本の礎《いしずえ》を築くパワーへと転化してみせた。

会津に対し、全ての日本人は感謝すべきである。

他国への筋の通らぬＯＤＡ（政府開発援助）で無駄を撒き散らすより、明治以降の政府の対応を猛省して、会津にこそ大いに補塡《ほてん》すべきであろう。

その時、松平容保《かたもり》にも、予測はあった。

「火中の栗《くり》を拾うが如し」と諌めた家老達にも判ってはいた。

無法地帯と化していた京都の治安維持の為の〈守護職〉拝命に対する予測である。

会津藩と容保が伸ばした手の先は単なる〝火〟ではなく、〝猛火〟の中であり、栗にはぎっしりと火薬が詰まっていた。

千人の兵を率いて猛火の中心へと容保は進んだ。

会津藩だけでは治安維持は不足で、不穏分子取り締まりの為に、見廻《みまわり》組と新選組が加えられた。この新選組が、火に油を注ぐことになった。

守護職が後ろ盾となったのは当然だったが、のちにその多くが明治新政府の要人となった尊皇攘夷派が、数多くの同志を斬り殺した新選組を恨んだのも当然だった。

容保以下会津が、崩れゆく幕藩体制に気付かなかった訳ではなく、武士のイデオロギーに縛られて動けなかった、いや、動こうとしなかった。

義に死すとも、不義に生きず。

猛火の中に、会津は取り残された。

義を選択した容保は、将来に待ち構えるであろう不幸を覚悟した。

薩長同盟成り、大政奉還成り、王政復古成りと、討幕の導火線に火が点けられた。

官軍の偽装する錦《にしき》の御旗《みはた》が翻《ひるがえ》った。

偽勅が駆け回る。

孝明天皇は容保を頼りとした。

御宸翰《ごしんかん》と御製《ぎょせい》とを賜り、片時も肌身離さぬ自分が朝敵であろう筈がないとの確信が容保にはあった。

「革命」成就を広く万民に報《しら》せる為には、「血を流す」ことが必要だと考えた官軍は、ターゲットとして〝最後の将軍〟に狙いを定めたが、なんと慶喜はあっさりと降伏して寛永寺に入り戸を閉めてしまった。

予想外の慶喜の平伏によって、遮られていた背後が血走らせた官軍の眼に入った。

雪の降りしきる空間に会津鶴ヶ城のシルエットが黒く浮き上る。

義も不義も、正も邪も、節操もなく、官軍はノドチンコを震わせながら会津へと雪崩《なだ》れ込んだ。

この薩長の横暴に対して佐幕派だった他藩は見て見ぬ振りを決め込んだ。

徳川幕府の為に、義を通して闘った会津は孤立した。

取り囲む圧倒的な兵力の官軍に対して、会津は自らの義の為に太刀を青眼に構えた。

籠城一ヶ月。白虎隊《びゃっこ》や娘子軍《じょうし》の悲劇。

官軍の乱暴狼藉《ろうぜき》は、ヒトという動物の下品さをむき出しにして恥じなかった。

「小梅塚」という愛らしい名の墓がある。

無理矢理に孕《はら》まされた女性は生まれた子を殺して埋めた。

子埋めの塚である。

上空を覆っていた酷薄な暗雲は、時とともに会津を去ったが、入れ代わりに狭量な性格の霧が立ちこめた。

冒頭に置いた、明治新政府によるイジメとしか思えない会津への仕打ちである。

朝敵の汚名を着せられたまま、会津出身者は政府や軍での要職には就けず、インフラ整備も他県の後回しにされ、会津若松には旧制高校も設けられず、大学に至っては最近まで待たされた。

不屈の会津魂は青眼の構えを解かなかった。

山川健次郎（東京、京都、九州の帝国大学学長）、井深梶之助《いぶかかじのすけ》（明治学院総理）、日下《くさか》義雄（長崎、福島の県知事）と、他にも数え切れぬほどの優れた人材を輩出した。

会津魂は時代を下って、絶滅寸前で、ようやっと命脈を保っていた武士道と合体して、日清、日露の勝利を支える原動力となった。

くれぐれもアナクロな部分はさて措いて、世界に類を見ない「武士道」という規範は、日本という国を支える背骨とはいえまいか。

城内三千の命を救う為、容保は刑死を覚悟した。

一命は救われたが、天皇からの書簡を、何故か容保は公表することはしなかった。

幕末に、会津の無かりせば、その後の我々の歴史は随分とのっぺりとした情けない景色を記録したに違いない。

時代は死ぬ。

言語によって後世に伝えられる記録は、時代の墓碑銘だといえる。

明治という時代も、死んだ。

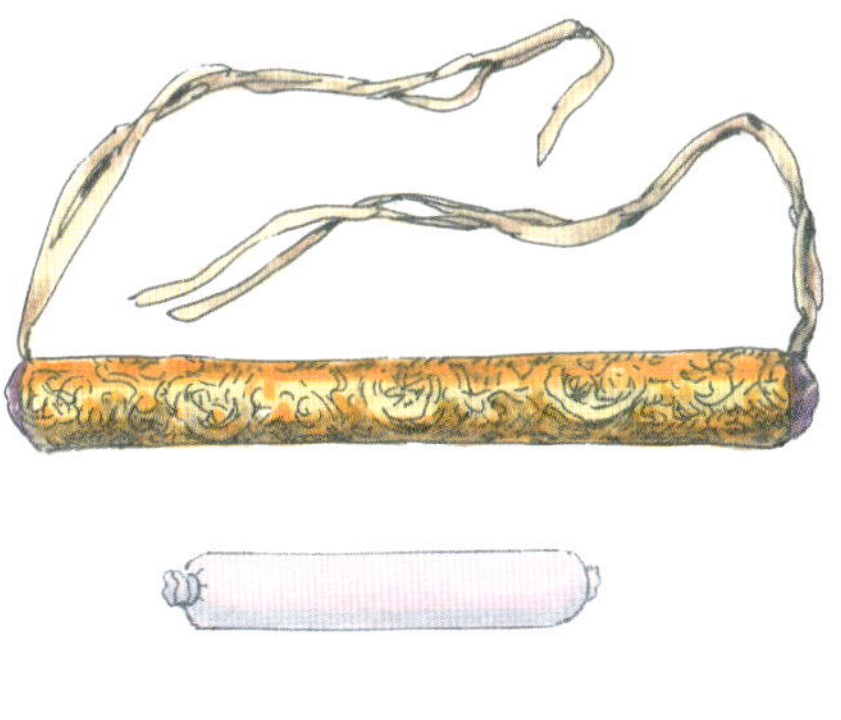

【松平容保】会津は（あいづはん）◉十七世紀半ばには二代将軍・秀忠の子・保科正之が入封。以来幕末まで、その子孫の会津松平家が藩主を務める。幕末に藩主を務めた容保（1835〜1893）は、再三固辞するも京都守護職を拝命。テロが横行する京都の治安維持に尽力、時の孝明天皇からも絶大な信頼を寄せられるが、大政奉還後は逆賊の汚名を着せられ鶴ヶ城に籠城、一ヶ月で降伏。自宅謹慎ののち、晩年は日光東照宮の宮司として過ごした。

四千万歩
ILLUSTRATED BY
H.KUROGANE

【伊《い》能《のう》忠《ただ》敬《たか》】たかだか、五十歩百歩。忠敬、四千万歩

「大日本沿海輿《よ》地《ち》全図」に着手して四千万歩を歩き始めたとき、伊能忠敬は五十歳を過ぎていた。

前半生で商売を、後半世で学問をと、「一身にして二生」に、忠敬は生き分けた。

前半生の歩行で鍛えた精神の足腰と肺活量で、後半生を駆け抜ける。

前半生と後半生とに込めた順番を入れ替えてみると、にわかに座りを悪くする。

前半生で学問、後半生で商売では価値観が変化して目的も生臭い。

商売によって得たモノを使っての学問と、学問によって得たモノを使っての商売とでは大差が生じる。

年若にして、忠敬は自らの人生の測量の順番を過《あやま》たなかった。

優先順位の決定と、予測性に於いて、既にして測量の名手としての面目躍如といえる。

忠敬の功績の偉大さを知る前に「一身にして二生」の、順番の確かさにまずは驚くべきであろう。

くれぐれもワタクシのコトはさて措き、昨今の多くの日本人は順番を取り違えてしまったと思われる。

前半を学問、そして商売。

前半を商売、なおかつ商売商売。

再び、ワタクシ如きはさて措き、律と品と凜としたモノを失っては、二生と三生にと生き分けてみても恥の分量を増やすばかり。

ここからはワタクシも参加させていただくが、未熟な頃に仕出かした測量ミスを正すには、とり敢えずは一生と二生との間に、「知足安分」の立札を深く突き刺さずんばならないでしょうね。

それにしても、四千万歩とは地球一周分の距離に当るが、表層の大きな数に驚くより前半生の道程にこそ拡大鏡を当ててみるべきだろう。

父が養子の出戻りで、忠敬自身も伊能家へ婿入りと聞いて、あら惨《むご》やとは勘違いも甚だしい。

父の養子先、つまり忠敬の母方の小関家は上総《かずさ》国（現・千葉県）の大網元にして名主も務める名門であり、父の実家の神保家も幕府役人が宿泊に選ぶ家柄だが、家格や経済以上に肝腎《かんじん》なのは、両家ともに屋内が蔵書に充《み》ちていた点である。

今も昔も知識の源が本であることに変わりはない。

忠敬少年の好奇の眼は数学の上で止まり、角度は天文暦学の分野に狭まった。

ちと早かろうが紙幅の都合上、少年には五十歳になってもらう。

伊能家を立て直した忠敬は、頃やよしと息子に身代を譲って隠居すると、積年の願いであった学問に集中する。

江戸に出て十九歳年下の「幕府天文方」、高橋至時《よしとき》に弟子入りを果たすと、猛烈な勢いで「天文暦学」や「測量学」を吸収する。

忠敬が特にこだわったのが「緯度一度」の計算で、西欧に比べて日本ではいまだアバウトのままに捨て置かれていた。

徳川施政下に於いては、戦さの条件を左右する測量自体が禁止であったが、ロシアや外国の船が頻繁に日本沿岸に出没するを見て危機感を抱いた幕府は、やっと「領土」の意識に目覚めた。

「領土」の確認には地図が欠かせない。

忠敬の学識が師をも脅《おびや》かす程になった頃、幕府から「蝦夷地」測量の調査命令が、天文方に下った。

渡りに舟。

しかし忠敬は幕府が仕立てた舟を断って、徒歩《かち》での蝦夷入りを願い出て許される。

「緯度一度」の測量に必要な、せっかくの江戸―蝦夷間の距離を、舟では失う。

渡りに舟の、「舟」の方は断って、「渡り」だけを有難く頂戴《ちょうだい》して忠敬は出発した。

のちに、緯度一度の距離について、忠敬の算出した二十八・二里（約百十・七四キロメートル）の数値が、ほぼ正確であったことは驚嘆に値する。

一日に二十キロ、当然に測量しつつの行程である。

測量隊は実に十回を数え、『大日本沿海輿地全図』は忠敬の死後三年にして完成。のちに、シーボルトによって国外へと持ち出されたこの地図は、その正確さによって欧米世界を驚愕《きょうがく》させる。

この難事を成した忠敬は、さぞや頑健と思われがちだが、なんと虚弱体質であったげな。体質を超える忠敬の強固な精神力と、青年の如き好奇の心の秘密。

シニカルにいってしまえば、いかなる人生も言語に振り回された暇つぶし。

忠敬のように歩くもよし、誰かのようにふて寝するもよしではあるけれど、せっかく生まれたのだから、歩かにゃ損々で、対象は世の為人の為のつぶし方が好ましい。

一日一歩、三日で三歩、三歩進んで二歩下がるとは唄の文句だが、さらに後退《あとじさ》って平伏し、そのまま寝たきりとなって「歩、歩、歩」と笑って蒲団《ふとん》の中に地図などつくってなんとしよう。

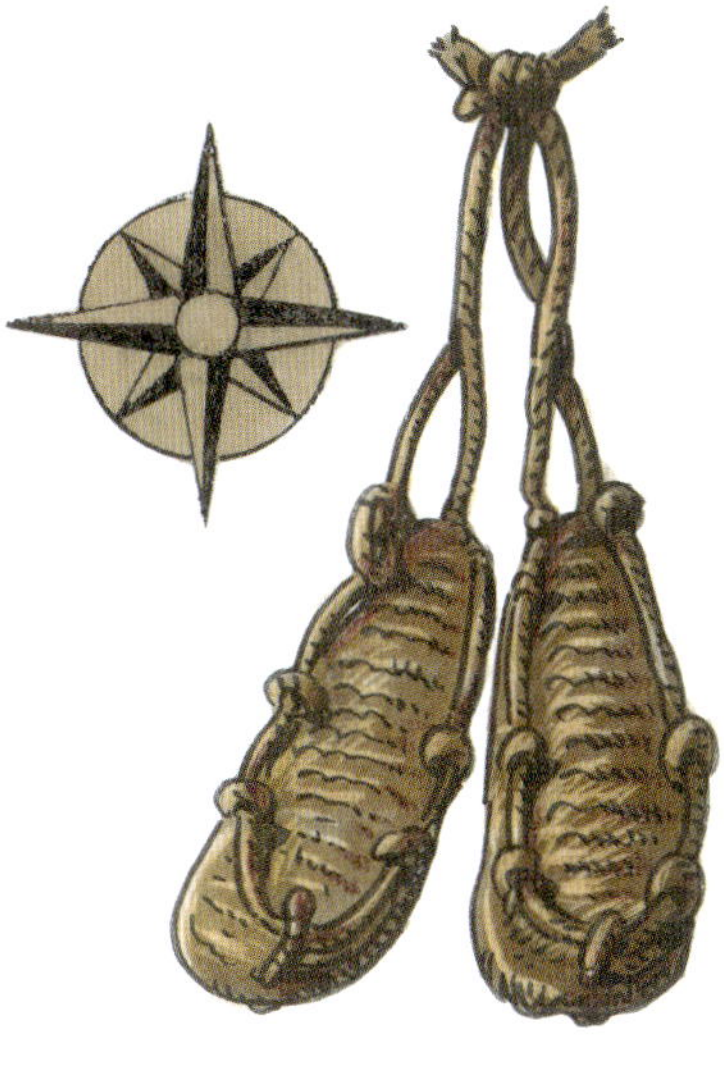

（いのうただたか）1745―1818◉上総国小関村（現・千葉県九十九里町）に生まれ、十八歳の時に佐原の伊能家に婿養子として入る。当時衰微していた家業を立て直すとともに、名主として公益にも尽くし幕府から苗字帯刀を許された。家督を長男に譲ってから天文学、測量学に専心。日本全国の測量を終えた忠敬は、「大日本沿海輿地全図」の完成を待たずに病没するが、その死は地図の完成まで公表されなかった。

【伊能忠敬】 たかだか、五十歩百歩。忠敬、四千万歩

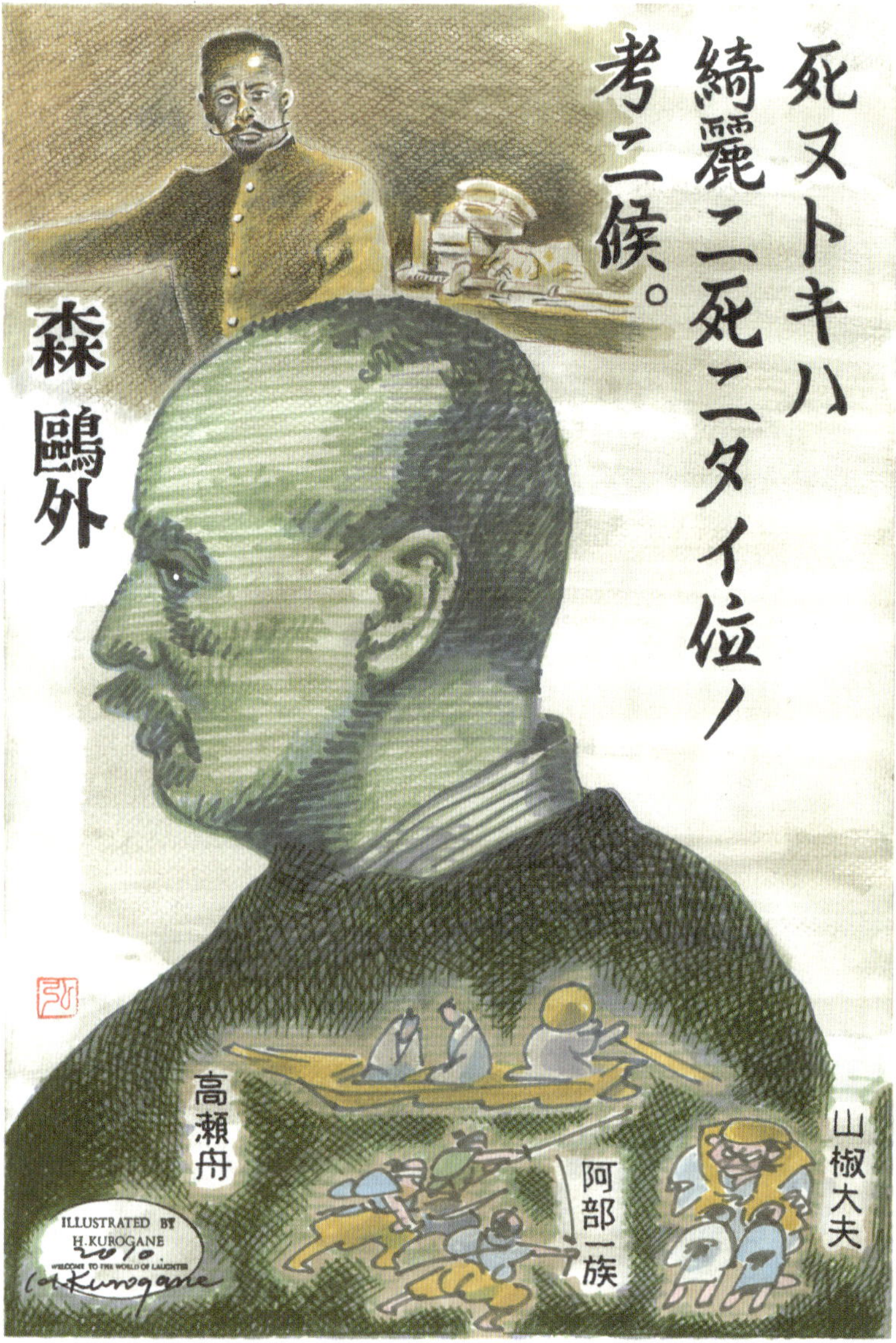
死ヌトキハ
綺麗ニ死ニタイ位ノ
考ニ候。
森鷗外
高瀬舟
阿部一族
山椒大夫
ILLUSTRATED BY
H.KUROGANE
2010.
WELCOME TO THE WORLD OF LAUGHTER

【森鷗外《もりおうがい》】鷗外先に立たず

お初にぶつかった作品が『山椒太夫《さんしょうだゆう》』であった所為か、鷗外に対するボクのイメージは暗い。二番手の『高瀬舟』で、暗さは決定的となる。

鷗外の作品群のタイトルを眺め直してみても、唯一、発禁処分を受けた『ヰタ・セクスアリス』を発見して、ようやく肩の少し下がる心地がするが、全体的には、やはり暗い。

肖像を描くに際して、残存するほとんどの鷗外の写真に接したが、これがまた、暗い。

笑ってくれているのは、馬の横に立つ「門前の鷗外」だけである。

生き方も重くて、優秀に過ぎる。

以上のことから、鷗外とその作品に閉口かというと、はたして大好物なのだった。

敬愛するボルテージは年々に高まる気配だ。

鷗外に対して暗くて重いと身を竦《すく》めるのは、凡才振りと不真面目な生き方を、彼とその作品に照らしたときの己れの影であったことに、気付くけれど、もはや手遅れである。

高瀬舟に乗せられている心地する。

舟上から遠望する鷗外の景色は、文学、医学両道を究めた偉人として順風満帆に見える。津和野の御典医の家に生まれ、幼少時より神童の誉れ高く、年齢を二歳上にして、十一歳にして東京大学医学部に入学してしまう程の優秀さであった。

十九歳で卒業してドイツ留学を熱望するも、成績が学年八番で果たせない。一説に、ドイツ人教師の学説を批判した為の、点の繰り下げであったともいう。入学時の二歳の差も足枷《あしかせ》となったものか。

留学する為には陸軍入省しか可能性はなかった。

何処の世界にも、上には上がある。

またしても、小池正直という鷗外に勝る者のあって、留学は数年を待たされる。優秀なる大砲なのに、銃身の中で弾が震えながら行きつ戻りつするもどかしさ。

二十二歳にして夢は叶い鷗外はドイツへと旅立つことができた。鷗外発射。

四年間の留学は勉学だけに勤《いそ》しんだ訳ではないらしく、帰国後にドイツ女性エリーゼが鷗外青年の後を追って来日するという騒ぎの種も蒔いていた。名門森家の大反対に遭って、手切れ金のようなものを〈エリーゼのために〉渡してお引き取りを願う。

鷗外の銃身は不満で膨らんでいく。

両親の準備した意に添わぬ結婚に踏み切るが、いたたまれずに一年余で離別を決意するも、鷗外の方が家庭の外へと飛び出している。

高瀬舟から眺めても、だんだん鷗外が気の毒になってきた。

文学、医学両面の啓蒙《けいもう》論争で多くの医学関係者（直属上官を含む）を鷗外は敵に回してしまう。

小倉転任（左遷）後は、あらぬ疑いと攻撃に悶々《もんもん》とした日を暮らす。

仕事をないがしろにしなくば、この膨大な作品は成り難く、加えてその内容は軍医に相応《ふさわ》しからずと、近衛師団軍医部長兼陸軍医学校長の身分から、小倉第一二師団軍医部長へと転任（降格、左遷）させられる。

外がグチャグチャなら、せめて――。ところがどっこい、後妻と実母の仲悪しく、内もグチャグチャ。離婚も、母との別居も鷗外は決断せず、ただ耐える。

小泉信三博士によって「鷗外の前に鷗外なく、鷗外の後に鷗外なし」とまでの、文学での評価にも変化が訪れる。

おりからの自然主義の台頭によって、鷗外は古い文学の頁《ページ》の住人となった。

医学面での、妬《ねた》みのような、苛《いじ》めのような状況にも変化はなく、日露戦争に転戦した際も、先の小池正直によって、鷗外が就任しても当然と思われるポストは邪魔される。

鷗外の側に立っての記述だから、小池側からすれば反論もあるだろう。

「脚気論争」では鷗外は最後までビタミン欠乏説に反対して、伝染病原因説を譲らず、麦飯導入に反対した為に、日露戦争での多くの兵士の死を招いている。

「死ヌトキハ綺麗《きれい》ニ死ニタイ位ノ考《かんがえ》ニ候」

意識したポストに後輩が就いた場合の覚悟を鷗外が友に告白した文面の中の言葉だが、「死ヌトキ」とは公務員として「引退する」の謂《いい》である。

高瀬舟からも、頑迷な鷗外の横顔を見た気がする。

鷗外の遺書「余ハ石見人《いわみのひと》森林太郎トシテ死セント欲ス」も有名だが、これを死ぬときは無名のまま故郷に葬られたいなどと解釈しては、舟が揺れる。

遺書、「宮内省陸軍皆縁故アレドモ生死別ルル瞬間アラユル外形的取扱ヒヲ辞ス　森林太郎トシテ死セントス　墓ハ森林太郎墓ノ外一字もホル可《ベカ》ラス」と続くが、「明治」の文字を嫌った為との解釈も舟に水を入れる。

更なる、「書ハ中村不折《ふせつ》ニ依託シ宮内省陸軍ノ栄典ハ絶対ニ取リヤメヲ請フ」に至り、宮内省や陸軍との訣別であることが判る。

舟から見た鷗外の景色は、明治らしく〈坂の上の雲〉的に見えるが、望遠鏡を覗けば〈坂の下の沼〉でもがいていたのだ。

嗚呼、鷗外川も、はや岸辺に着いたようだ。

一日、高瀬舟より降りんと欲す。

疲れたらば、また、乗らん。

【森鷗外】鷗外先に立たず

（もりおうがい）1862―1922●本名、森林太郎。石見国（現・島根県）で代々津和野藩主の御典医を務める家に生まれ、跡継ぎとしての教育を受ける。東京大学医学部卒業後、陸軍軍医となりドイツに留学。帰国後は、軍医の傍ら外国文学などの翻訳や評論的啓蒙活動、小説の執筆を行い、さらに美術にまで及ぶ幅広い文芸活動を展開。なお、軍医としては日清・日露戦争に出征、陸軍医のトップ・陸軍省医務局長にまで昇進している。

われ太平洋の懸橋たらん
武士道
Bushido
The Soul of Japan
ILLUSTRATED BY
H.KUROGANE
H. Kurogane
Inazo Nitobe

【新渡戸稲造《にとべいなぞう》】価千金であったニトベ札

昭和五十六年（1981）、新渡戸稲造を新五千円札の肖像にと提案した人物、或いは集団は、額面はともかく、けだし卓見であったと思うが、「ニトベ？　WHO？」が、当時の専らの感想であったと記憶する。

他の札に載った同時代人である福沢諭吉や夏目漱石《そうせき》に比べて、新渡戸稲造には「何ヲ、成シタルヤ？」と印象が薄い。

「成シタルコト」の多きが故に、輪郭不鮮明となったは本人の責に非ずして、「ニトベ？　WHO？」と首を傾げた不勉強組の方にこそある。

七つの顔を持つオトコ、新渡戸稲造。

ある時は教育者、またある時は農学者、日本学者、国際人、言論人、著述者、思想家。しかしてその実体は「ヒトがヒトとして生きる上で、モデルとするに比類なき人」。

先に挙げた様々の分野に於いて、既に今日の日本（世界）が直面する難問の数々を予測するばかりか、その解決策をも提示してくれている。

もし、世界人類の多くが新渡戸稲造的であったなら、先の諸問題は立ちどころに解決するどころか、元から発生しなかったと思われる。新渡戸の名を囲んだ［　　］内に、様々な名を入れてみると判る。おそらく、新渡戸以外は大なり小なり全て問題が生じるであろう。

新渡戸学を、せめて学ぶ、近づく努力をする、真似てみる、だけでも日本のカタチ、世界の情勢は変わる筈である。

新渡戸学を象徴するのが、明治三十三年（１９００）にアメリカで出版されて大ベストセラーとなった『ＢＵＳＨＩＤＯ：Ｔｈｅ　Ｓｏｕｌ　ｏｆ　Ｊａｐａｎ』、すなわち『武士道』である。

この本が出版されるに至った経緯は、新渡戸のドイツ滞在中、ベルギーの学者から提示された疑問であった。

「貴国には宗教教育のありやなしや？」

新渡戸が「ない」と答えると、「ならばいかにして道徳教育を成すや」との再度の問いかけ。

その場での答えに窮して宿題の答えとして新渡戸が世に問うたのが『武士道』であった。

新渡戸は南部藩で勘定奉行を務める上級武士の三男として、桜田門外の変の二年後の文久二年（１８６２）に生まれている。

十三歳で、東京英語学校入学。その後、札幌農学校、更に東京帝国大学へと進む。維新にこそ間に合わなかったが、明治の新教育の最初の世代となった。

つまり、新渡戸は、生まれてよりの六年間は古来の武士の子として育ち、その後を欧米の影響下の教育を受けるという精神の混血児として成長した。

東京帝大入学の際、志望理由と将来の展望を尋ねられた新渡戸は「農学」と「英語」をあげ、「われ太平洋の懸橋たらん」と答えたという。

国際人たらんと欲した新渡戸は、希望に違うことなく、札幌農学校教授、台湾総督府官吏、第一高等学校校長、国際連盟事務次長、貴族院議員と職を替えるが、それぞれに於いて他を圧する活躍と結果とを残している。

数年ごとに職を替える忙《せわ》しなさは、新渡戸の能力が引っ張り凧《だこ》であった証左である。

『武士道』は、新渡戸の該博な知識と英語能力とをバックボーンに、旧約聖書、孔子、ソクラテス、アリストテレス、ドン・キホーテ等々、まさに縦横無尽にして多種多様の智を駆使することによって、西欧人にも理解し易い内容の書となった。

この一冊が、日本の命運を救った。

兵力、財力ともに底をついた状況の日本政府は、勝ち戦さのうちに日露戦争の講和をはかるべく、懸命に模索したが仲介を受けてくれる国はなかった。

時のアメリカ大統領、セオドア・ルーズベルトとハーバード大学の同窓ということだけを弱い接着剤に、金子堅太郎はホワイトハウスを訪ねる。

答えは、断じてNO。

金子は項垂れながら、ルーズベルトに新渡戸の『武士道』を、呈して辞する。数日後、突如として大統領より、金子のもとに連絡が入る。『武士道』を読んで、深く感銘を受けたルーズベルトは「かくなる武士道を持つ日本人ならば講和の仲介を引き受けよう」と。この瞬間に歴史が変わった。

この一件では新渡戸本人こそ参加してはいないが、動いてもすこぶるの業績を遺す。フィンランドとスウェーデンの領土紛争に際し、国際連盟事務次長として、複雑に絡み合う、領土、言語、人種の問題を快刀乱麻を断つ如くに解決し、今に「新渡戸裁定」として国際的規範として輝いている。

日本人には、どうやら一事の専門家を評価し過ぎる嫌いがあるようで、新渡戸のようにその才が万事にわたるとなると、にわかにその輪郭を失ってしまう。

『武士道』は、過去の書ではなく、未来を語っている。

重なるが、新渡戸が武士であったのは、生まれてよりの、わずか六年間である。

Ｎｏｂｌｅｓｓｅ　Ｏｂｌｉｇｅ。

高貴なる者に伴う義務――の「高貴」が気に障るなら、新渡戸自身を含む凜として生きる為の、人間の覚悟の書として読まれるべきであろう。

【新渡戸稲造】価千金であったニトベ札

（にとべいなぞう）1862―1933◉南部藩士の三男として盛岡に生まれる。札幌農学校時代にキリスト者となり、のちにアメリカ留学中にクエーカー派と出会い、敬虔な教徒となる。国際人として政治から教育まで様々な分野で活躍した新渡戸が終始テーマとした、日本と海外の思想の橋渡し、つまりは東西思想の調和は、クエーカー派が説く強固な人類平等の信仰とも通ずるものがあったと考えられる。カナダで客死。

cloud
本日
天気晴朗ナレドモ
波高シ
あしが日本の騎兵隊をつくる
SANEYUKI
ILLUSTRATED BY
H.KUROGANE
H.Kurogane
AKIYAMA BROTHER

【秋山兄弟《あきやまきょうだい》】板の上の鯉

兄が言う、「あしが日本の騎兵隊をつくる」。

弟が書く、「天気晴朗なれど波高し」。

兄はのちに日本の騎兵の父と呼ばれた。

弟の書いた全文は、「敵艦見ゆとの警報に接し、連合艦隊は直ちに出動之《これ》を撃滅せんとす」

そして先の「天気晴朗なれど――」に繫がる。

兄とは秋山好古《よしふる》であり、弟とは秋山真之《さねゆき》。

兄は「秋山騎兵団」を率いて世界最強と謳われたロシアのコサック騎兵を相手に、騎兵に機関銃を持たせ、馬も塹壕《ざんごう》に入れるなど固定観念を覆《くつがえ》す戦術を編み出して互角以上に戦うという奇跡を演じてみせた。

弟は連合艦隊の「参謀」として日本海海戦でバルチック艦隊撃破の立役者となる。

「水雷戦法」「丁字戦法」など、弟もまた固定観念を打ち破った〝秋山兵学〟を構築する。

確率的には愚兄賢弟、或いは賢兄愚弟となるところが、秋山家に於いては賢兄賢弟となった。

さては！　秋山家独特の英才教育が⁉

ありまへん。ありまへんどころか松山藩下級武士で、地位もなければ、金までもおまへん。

あったのは、ジャンプボードとしての「明治」という極端な能力主義の時代背景。

それまで越せなかった、武士、農民、商人などの階級の線引きの上に浮かぶ青雲の志。

小説『坂の上の雲』の冒頭を、司馬遼太郎は次のように書き始める。

「まことに小さな国が、開化期をむかえようとしている」

明治という時代に横溢《おういつ》していたのは健康的な立身出世の空気。

この空気を胸一杯に吸い込んだ秋山兄弟は、陸海軍の士官養成学校の門を叩く。

授業料は不要にして当時最高の教育が受けられる。

貧乏がハードルとなって権利が遮断されていた学問の門戸は広く開けたが、軍人であれば、対価は命。

その覚悟には「武士道」の残滓が手を貸した。

「凜として美しく、覚悟を重んじる生き方」が、そのまま国家の発展に繫がると信じられた時代。

国家も戦争も軍人も、その死も、日本人のほとんどが疑いもせず異論を差し挟まなかった時代。

今に比較すれば当然に奇妙だが、周囲を西欧列強に威《おど》されては平和を主張する余裕などなく、当時に於いては異論の方が奇天烈《きてれつ》。

そんな奇妙な時代に於ける秋山兄弟の出現と活躍も奇跡だが、大きく包む日露戦争の結果も奇跡であった。

勝負の如何《いかん》によっては、その後の日本とアジア、更には世界にも多大なる変化をもたらしたであろう戦争であった。

歴史に「ｉｆ」は禁物だが、これ程の大事であれば素直には従えない。

ロシアとドイツの双方から攻められた第二次大戦時のポーランドの「カチンの森」の悲劇を知る今、全く他人事《ひとごと》ではなかったと、全身に鳥肌の立つ心地する。

平和がよいに決まっている。

人類最大の愚行が戦争であることも自明の理だが、やむにやまれぬとき、無抵抗という勇気を選択できるや否や。

奇跡を演出して我が国を救ってくれた秋山兄弟にはもちろん感謝だが、彼等を育てた明治という時代にも頭《こうべ》を垂れる。

頭は、明治の持つ背骨の強さに対して垂れる。

では、背骨とは何を指すか。

ヒトは一代で成るものではなく、その集合である時代もまた、前を引き継いでいることは断るまでもない。

明治の背骨は、江戸の細胞に拠《よ》って立つ。

江戸の細胞とは武士の残滓であり、三百年をかけて醸成されたひとつのヒトの精神の〝カタチ〟である。

この細胞を、秋山兄弟も他の明治の人も多く受け継いで生まれ育った。

そんな武士の心得は、日清開戦直前の「日英新条約」を締結させるが、次は対露であることは元より予測のうちにあったから、準備を怠ることはなかったし、東アジア混乱の根本原因が欧州列強のエゴにあることも承知していたから、丸投げのカタチで先の条約に頼ることはしなかった。

明治という時代に意志を持たせてみると、秋山兄弟はその身体《からだ》に従った随意筋であり、「武士力」とは、事前に緻密な「予測力」と「判断力」を持ち、決断したあとは揺るがぬ「実行力」あるのみと、一方向へと流れる血液であった。

明治に「武士道」のなかりせば、その後の日本人は盆踊りの代わりにコサックダンスで輪をつくっていたやもしれぬ。

今こそ、明治と秋山兄弟に学びたいものだが、やんぬるかな、愚《ぐ》おもへらく、燃料としてくべるべく「武士力」が蒸発したやに感じるは、僻目《ひがめ》なりや？

好古（よしふる）1859—1930◉松山藩の下級武士の三男として生まれ、教員を経て陸軍士官学校、さらには陸軍大学校を卒業。フランスで騎兵戦術を学ぶ。日清戦争では騎兵第一大隊長、日露戦争では騎兵第一旅団長として出征。真之（さねゆき）1868—1918◉秋山家の五男。一高卒業後、海軍兵学校に進み首席で卒業。海軍軍人となり、日露戦争では作戦担当参謀として第一艦隊旗艦「三笠」に乗艦。

KANRIN-MARU
天は人の上に人を造らず
人の下に人を造らず
学問のすゝめ
ILLUSTRATED BY
H.KUROGANE
WELCOME TO THE WORLD OF LAUGHTER
H. Kurogane

【福沢諭吉《ふくざわゆきち》】ならぬ咸臨《かんりん》、するが咸臨

「天は人の上に人を造らず、人の下に人を造らず」という『学問のすゝめ』の、有名な書き出しの部分は、目にも耳にも慣れて麻痺《まひ》してしまっているが、今少し続けて「されば天より人を生ずるには、万人は万人みな同じ位《くらい》にして、生れながら貴賤《きせん》上下の差別なく……」まで読んでみると、福沢諭吉の迫力と偉大さと見識の深さをいまさらながら思い知る。

明治五年（1872）から九年にかけての、身分の上下がまだまだ現在進行形であった時代に刊行された書物である。

性が思考の大部分を占領していた野蛮な年頃だった僕は、内容には頓着《とんちゃく》なく、「天は人の上に――」の、語呂の良さばかりに気を取られて、「人の上に人を乗せて人をつくり、人の下に人を敷《し》いて人をつくった」と、言い替えて大口を開けて嗤った。情けなや。

刊行時、『学問のすゝめ』は三百万部以上売れたという。

当時の日本の人口が約三千万人だから、実に十人に一人が読んだことになる。

書いた福沢諭吉はもちろん凄いが、読んだ明治人というものも見直す。その書を記す動機となったらしいエピソードがある。

郷里の中津にあった諭吉が道を進んでいると農民がやってきた。武士の口調で道を尋ねると、とたんにへりくだった態度をとる。次に農民を装って同じ質問をしてみると、横柄になった。

これではならじと諭吉は考えた。

国民全員が学問を身に付けなくては国は変わらない。格差の元は学問である。

そこで諭吉は、個人の独立と国家の独立を説き、「貧富の差は、学問の有無にあり」と記した。

明治維新の中の、「精神の」維新を諭吉は受け持った。

今日の格差社会の原因も、明治と同根であれば諭吉の教育者としての先見性が光る。

〈自由民権運動〉に冷ややかであったのも、受け入れる側、つまり民衆が意味を理解する能力を身に付けてからのものだろうとの、現実的な優先順位の主張に拠《よ》る。

〈富国強兵〉にも、個の独立あってこその国家の独立であると、同じ根拠によって反対している。

蘭学全盛の時代に、いち早く「英語」のこれからに気付いた。

咸臨丸のメンバーとしてアメリカに渡海したとき、持ち帰った物はウェブスターの辞書一冊。

事に及んで壺《つぼ》を外さない。

伊藤博文も出席した辞書の出版パーティで、スピーチの順番が自分が後であることを知ると、さっさと帰ってしまう。

学問と政治とは関係がなく、時の総理大臣と雖も、なんたる阿《おもね》りか。

公私の区別についても福沢の舌鋒《ぜっぽう》は冴える。

「公共のもので、金儲《かねもう》けをする輩は、けしからん」

福沢が『瘠我慢《やせがまん》の説』と題した著作で、幕府と明治政府の両方に仕えた勝海舟に対し「変節」であると公然と攻撃したとき、両者に緊張が走るが、詳細は「勝海舟」の項に譲って、ここは二人が狭い空間で接近した咸臨丸上の三十七日間を拡大鏡で覗き込んでみよう。

福沢諭吉証言。

「航海中、私は身体が丈夫だと見えて怖いと思ったことは一度もない――」

勝海舟証言。

「海軍伝習所にて修得した実力を、世界中の人間に見せてやる絶好の機会――」

アメリカ海軍・ブルック大尉証言。

「艦長（勝）は、下痢《げり》を起こし、提督（木村摂津守《せっつのかみ》）は船に酔っている――」

福沢諭吉証言。

「航海中は一切外国人のカピテン・ブルックの助力は借らないというので、測量するにも日本人自身で――、決してアメリカ人に助けてもらうということは一度もなかった――」

ブルック大尉証言。

「日本人が無能なので帆を上げることができない。士官達（日本の）は全く無知である」

「日本人は――、みな船室に入り込み、デッキに出てくるのに十五分から二十分もかかる」

「横になるや否や、また呼ばれる――、この日の夕方、私は日本人達の無神経さに、全く驚かされた――」

木村摂津守証言。

「始終、部屋にばかり引っ込んでるのですが、艦長（勝）のことですから、相談しない訳にもいかず、相談すると『どうでもしろ!』という調子で、――太平洋の真ん中で『己（勝）はこれから帰るからボートを卸《おろ》してくれ』などと――」

ブルック大尉証言。

「昨夜、日本人が我々の豚肉を盗んだ!!　バカヤロー――!」

咸臨丸船上に、両先生の人間的な、極めて人間的な部分を発見し、気分の楽になる心地するは、他に誇るべき業績を持たぬ、愚か者の常とするところ、である。

（ふくざわゆきち）1834—1901◉豊前国（現・大分県）中津藩の下級藩士の二男として生まれる。長崎で蘭学を学び、のちに大坂で緒方洪庵の適塾に学ぶ。幕府遣米使節に随行して渡米、さらに遣欧使節の翻訳方として欧州歴訪。洋行での見聞を記した『西洋事情』等の著書が広く読まれ、西洋文明の第一人者として知られる。明治政府からは再三出仕の要請があったが、終生在野の啓蒙家・教育者の立場を貫いた。

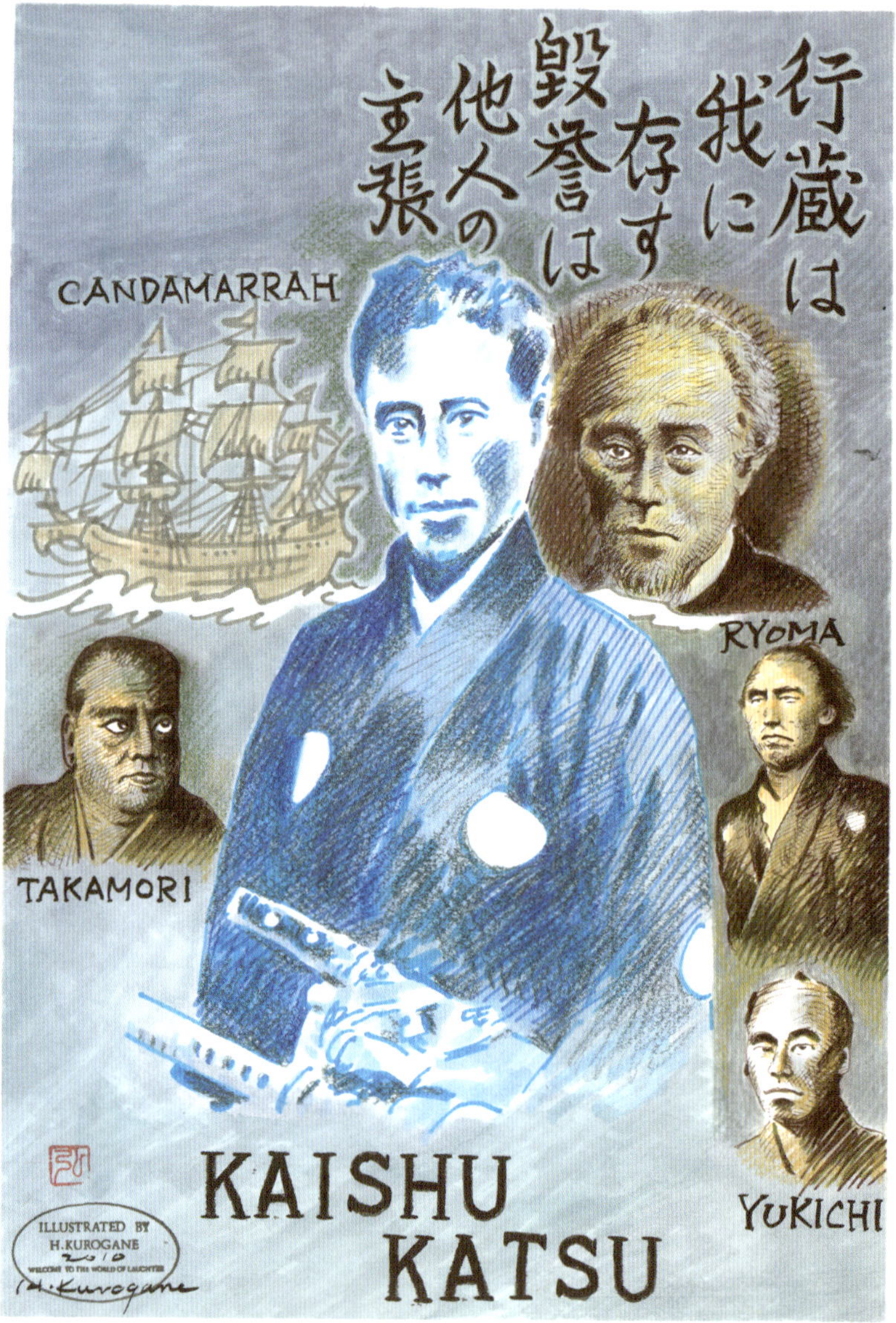

行蔵は我に存す
毀誉は他人の主張
CANDAMARRAH
RYOMA
TAKAMORI
YUKICHI
KAISHU
KATSU
ILLUSTRATED BY
H.KUROGANE
2010
WELCOME TO THE WORLD OF LAUGHTER
H.Kurogane

【勝海舟《かつかいしゅう》】回収・改修・海舟

アメリカ南北戦争の死者数は、六十二万人。

フランス革命は、三万から五万人。

ロシア革命は不明だが、一年五ヶ月にわたる鳥羽伏見の戦いから五稜郭《ごりょうかく》戦争までの、我が国のケースよりも多数であることは確実である。

我が国のケースとは、明治維新に於ける死者数で、八千二百四十人という少なさに驚くが、江戸城の無血開城なくば、間違いなく大幅に増えていた。

当時に生きた人命ばかりでなく、現在に繋がる子孫達と、東京の文化遺産も救った。

東京の、日本の、今に生きる我々の恩人こそ、勝海舟である。

龍馬や西郷は「維新の扉」の外側から手をかけたが、海舟は門《かんぬき》を外して内側から開けた。

武士の身分とはいうものの、最低のラインからスタートして、幕府のトップにまで昇り詰めたが、海舟の価値観は立身出世にないどころか、通常なら取り立ててくれた組織を守ろうとする筈なのに、瓦解《がかい》に手を貸した。

海舟の行動の特徴は、一貫して恐怖がないように見える。

決断に迷いがなく、死を前にして震えるところがない。

高い精神性に支えられる海舟のキャラクターはいかにして完成したのか。

〈武士〉という土台は基本だろうが、父、小吉《こきち》の這《は》いずり回る暮らし振りから、海舟は金員の不条理について考えた末に乗り越えた。

どうやら、完成した海舟の精神を構成するエレメントは、剣、蘭学、禅であるようだ。

当代随一の剣客と謳われた島田虎之助《とらのすけ》に師事した修行は免許皆伝の域に達している。

次に、和蘭辞書『ヅーフハルマ』を書き写す過程で、西洋という外側からの客観的視座を獲得したことは先見性と国際性を培った。

剣の高みと、客観的視座から、海舟が見渡した幕末の景色。

加えての禅による泰然自若の境地によって、人が抗《あらが》い難い不条理観の壁を打ち壊す。

達意の人ですら一本の道しか完成できないというに、確率は僅少《きんしょう》でも、海舟は三本を櫓《やぐら》に組んで、その上に精神を乗せた。

これでは他の追随を許さず、海舟というキャラクターが突出したも道理で、正にお釈迦様の説く「犀《さい》の角《つの》のようにあれ」の体得者として立った。

西郷をして「ひどく惚れ申した」と告白せしめ、龍馬をして「天下の人物というは、勝安房守《あわのかみ》――」と言わしめて、人たらしの如き感想を引き出すが、比較して勘に頼る秀吉の功利的なそれとは異なり、海舟はうちより滲《にじ》み出ていささかも軋むところがない。

折に触れて、海舟は奥義を洩らしてくれる。

「主義といい、道といい、必ずこれのみと断定することを、昔から好まなかった」

型を持たない型、すなわち無刀取りの心境か。

アイデアや奇抜な発想なら、固定観念を疑って少しズレたところを探せば見つかるが、政治の舞台で実践するとなると命懸けの覚悟が要求されて発明者の多くはそこで脱落する。

絶大なる自信と共に、海舟は幕末の景色の中を直線で駆け抜けた。

遠回りしてそこに辿り着いた福沢諭吉の発想はあくまでも曲線的で、海舟との交差点の性格を見誤ったようだ。

明治三十四年（１９０１）一月、諭吉は『瘠我慢の説』を発表して、幕府と明治維新の双方に仕えた海舟を「変節」と攻撃した。

海舟は、これを無視する。

追及の角度が余程気に入ったのか、内容に自信があったか、諭吉は翌年二月、再び反論の催促に及ぶ。

海舟は、ついに筆をとる。

「行蔵《こうぞう》は我に存す、毀誉《きよ》は他人の主張、我に与《あずか》らず我に関せずと存《ぞん》じ候」

行蔵――すなわち、運命を含んだ我が身の出処進退の決断は自分にしか下せず、そのことを他人がいかように批評しようと関係のないことであると撥《は》ねつけた。

海舟の一本勝ちである。

この一件で諭吉に功ありとすれば、海舟の信念の骨頂を引き出したことであろう。

同様に、雑談に於いて、幕府の反撃の少なかったことを吉井幸輔《こうすけ》が嘆くと、それ迄エヘラと聞いていた海舟がやにわに居住まいを正し、幕軍の海上よりの砲撃、天皇の御動座、英仏の介入、日本の二分化による内乱——と、その愚を説いて予測の完璧さに頭を垂れさせている。

偶像など、〈銅像は割れに損す（?・）〉と海舟はせせら嗤うだろうが、日本の大恩人でありながら銅像のひとつだになきは、いまだ歴史認識の行き渡らない証拠ではないか。

海舟の臨終の言葉は「コレデオシマイ」。

海舟のニヒリズムは、剣、蘭学、禅の三つの修行の末に行き着いた実存主義的な筋肉に支えられていた。

（かつかいしゅう）１８２３―１８９９◉小身の旗本の家に生まれるが、十代より兵学や蘭学に通じ、長崎の海軍伝習所に入所。１８６０年の遣米使節派遣では咸臨丸に乗船し渡米、幕府の軍艦奉行、陸軍総裁を歴任する。大政奉還後は、江戸を包囲し総攻撃目前の東征軍参謀の西郷隆盛に、旧幕府の総指揮官として対峙、江戸城無血開城を実現する。維新後は政府要職に就く傍ら、徳川慶喜の名誉回復にも尽力した。

634−526=108
地水火風空
我事において後悔をせず
宮本武蔵
ILLUSTRATED BY
H.KUROGANE
H.Kurogane.

【宮本《みやもと》武蔵《むさし》】剣豪現行原稿

少し前の時代の大多数の男の子は剣豪になりたいという夢を持った。

約束がなくても二本の棒を持てば立ちどころに武蔵で、長めの一本を背負えば小次郎になれた時代があった。

男の子達は何故に彼等に憧れたのだろう。

深く考えての夢ではないからこそ、そこに種《しゅ》としてのオトコの秘密が隠されているように思う。

剣豪の中にオトコとしての存在理由を発見するからであろうが、命を懸けなければならないという激烈な条件に、やがてほとんどの男の子達の夢は萎《な》える。

剣豪にはなれず、いや、ならずとも、生涯を通じてオトコは自己存在の理由確認の為に進まざるを得ない。

オトコをつくるY染色体の所為《せい》であるからどうにもならない。

自己存在の理由確認の為に、何時《いつ》の時代にもオトコ達は他者に抜きん出て一芸に秀でた存在になろうと努力するのであった。

むなしいことであるが、いまさらY染色体に文句を言ってみても致し方がない。

自己存在の理由の確認を求める為に、剣豪を諦《あきら》めた男の子達は、権力、経済、理論、芸術、社会、宗教の分野へと進路を変更する。

「十三歳で初めて果たし合いをして以来、……一度も負けなかった」と『五輪書《ごりんのしょ》』で武蔵は自慢してみせる。

武蔵を想うとき、その骨格の大半は吉川英治の小説『宮本武蔵』から借りることとなる。

客観的な材としては、武蔵自身の手による『五輪書』と『独行道』、他に詩歌、書画、彫刻があり、他者の眼による『二天記』『沼田家記』『本朝武芸小伝』、小《こ》倉《くら》碑《ひ》文《ぶん》などがある。

以上の資料から、武芸者と哲学者の両面の武蔵を見ることができるが、雑駁な掬い上げ方をすれば「不定型の定型」の奨《すす》めが掌《てのひら》に残る。

定型は不定型に脅かされる。正統には異端が、オーソドックスにはヘテロドックスが、伝統には革新が襲いかかる。

多数が「武蔵」を模範としたとき、新たな「定型」が誕生する。

小次郎型をその対極に据えるなら、今度は「武蔵負けたり！」となる。

必勝法的なものは両極をジャンプするようである。ジャンプの高さと幅に敏感なタイプがそれぞれの時代の勝者に選ばれてきた。

『五輪書』に書かれたほとんどは、刀を持たずに生きる我々には縁がない。剣を握るときの指の使い方や、振り下ろすタイミングなど、剣道をする人でもなければ、そんなものかで済んでしまう。

『五輪書』読後の感想のひとつに「変わったやっちゃなァ」がある。武蔵晩年に書かれた全一冊の『独行道』からも同様の匂いが立ち昇る。

死の一ヶ月前の武蔵消息《てがみ》と伝わる文面には、「自分はあまりに兵法一筋に生き過ぎて『兵法の病』であった」と自戒し、「今は年老いて満足に手足を動かすこともできず、せっかく窮めた奥儀も直接には伝えられない」と、体力低下の残念無念の心境がつづられている。

人間の欲望には「五段階の発展」があるという。

①生存への欲望
②安全への欲望
③集団帰属への欲望
④尊敬と愛情の獲得の欲望
⑤自己実現への欲望

へと五段階に発展するらしい。

晩年の武蔵が自戒し嘆いているのは⑤に対してである。

武蔵の①と②の時代は、ならば逃げればよさそうなのに踏み留まり、或いは踏み込んで、相手を殺して通過する。
③は、仕官の希望、弟子の許可、と表層はなぞるものの、その欲望は薄い。
④は、一見武蔵こそ無縁に思えるが、大いなる自慢の中に変形した同型を見る。
今、武蔵が自戒し嘆く⑤の自己実現とは、可能なものなのであろうか。

功なり名を遂げる——が自己実現のゴールであるなら、武蔵は果たした筈なのに、不足だという。

武蔵は五段階の上の⑥への欲望を獲得せんと叫《おら》ぶのである。

自己実現の継続性。

始皇帝や秀吉と同様に、武蔵にも頂点を極めた自覚があったればこその、無残にしてあわれな悲鳴である。
⑥の段階への欲望が①、②の振り出しへと戻ることに気付かない。
トルストイの晩年に似ている。

シェークスピアのいう「奇麗は汚ない、汚ないは奇麗」を武蔵の世界に置き換えるなら「強いは弱い、弱いは強い」となって呼吸が楽になる筈なのになおも前進しようとした。

武蔵（634）－小次郎（526）＝108（煩悩の数）

『五輪書』の、各章の武蔵の結びの言葉に倣おう。

「――能々《よくよく》吟味すべし」

（みやもとむさし）1584―1645◉江戸時代初期に活躍した剣豪であり、大太刀と小太刀の二刀を用いる独特の型で知られる二天一流兵法の祖。また、書家・画家としても優れた作品を残す。著書『五輪書』から播磨国（現・兵庫県）の生まれとされ、晩年は肥後国で熊本城主細川家の客分として過ごしたが、その生涯は未知の部分が多い。ちなみに武者修行でもっとも有名な「巌流島の決闘」も『五輪書』には記されていない。

あとがき

何時頃から身に付いたものやら、歴史を考える際、つい過去、現在、未来と分けてしまう。

現在と未来の関係性はさて措き、専らは歴史を過去の括りの中に閉じ込めたがる。

相手は百年、或いは千年単位だから、眼を細めて来し方を見やるスタイルになりがちだが、昨日、今日、明日と数日分で考え直してみる。

今日は昨日に影響され、明日は今日の助走に拠る。

たとえば、明治は江戸の影響下にあり、昭和、平成は明治、大正が助走となる。

過去、現在、未来を離して縦に書くのではなく、過去の上に現在を、その上に未来を重ねて書く方が歴史の正体を理解し易い。

三文字を重ねて考えるスタイルが身に付いたとして、歴史から得るモノに変化があるかというとさにあらず、それぞれの出来事は各時代の都合に従って独立した突起物としてあちこちに突出して見えるから、後世に生きるヒトがおいそれとヒントにできる程にはヤワではない。

過去、現在、未来と重ねて書いた二次元的理解を、三次元的立体にしてみる。

一本の竹と考えてみてはどうか。

竹の節目が時代の区切りであり、長いところもあれば寸詰まった節もある。

むろん、世界史の竹の中に日本史の景色は含まれる。

鬼平犯科帳のすぐ隣りではモンテスキューが『法の精神』を説いていたりする。

自分の〝歴史竹〟というものを脳内に立てたい。

もちろんイメージだが、得た知識を〝歴史竹〟に加えていく。

書き込みによって、竹は黒くなっていく。

色の薄い部分は知識の偏りの証拠となる。

自分の〝歴史竹〟が一様に黒くなったところで、やっと知恵に転化する。

経験と年齢によって知恵は変化する。

〝歴史竹〟が黒光りして見える頃、俗心からは遠いところに立って、龍馬を信長を、ナポレオンをヒトラーを、日清、日露の戦争を、第一次、第二次の世界大戦を眺めおろしている自分に気付く筈なのだが、私の〝歴史竹〟は、まだ大いに斑《まだら》で、せっせと書き込みを続けている途中。

自分だけの、この〝歴史竹〟づくりこそ、人生の目的ではなかろうかと独りごちているところ。

ある日、竹の節が光り輝き、切り割ってみると、ああら不思議――――。

〈著者紹介〉
黒鉄ヒロシ　1945年高知県生まれ。漫画家。68年、『山賊の唄が聞こえる』でデビュー。97年、『新選組』で文化庁メディア芸術祭マンガ部門大賞受賞、同じく第43回文藝春秋漫画賞を受賞。98年、『坂本龍馬』で第2回文化庁メディア芸術祭マンガ部門で大賞、2002年、『赤兵衛』で第47回小学館漫画賞審査委員特別賞受賞。04年、紫綬褒章受章。宮部みゆきとの共著『ぱんぷくりん』など著書多数。

千思万考
歴史で遊ぶ39のメッセージ
2011年2月25日　第1刷発行
2011年4月1日　第5刷発行

著　者　黒鉄ヒロシ
発行者　見城 徹

GENTOSHA

発行所　株式会社 幻冬舎
〒151-0051 東京都渋谷区千駄ヶ谷4-9-7

電話：03(5411)6211(編集)
03(5411)6222(営業)
振替：00120-8-767643
印刷・製本所：株式会社 光邦

検印廃止

万一、落丁乱丁のある場合は送料小社負担でお取替致します。小社宛にお送り下さい。本書の一部あるいは全部を無断で複写複製することは、法律で認められた場合を除き、著作権の侵害となります。定価はカバーに表示してあります。

©HIROSHI KUROGANE, GENTOSHA 2011
Printed in Japan
ISBN978-4-344-01951-5 C0095
幻冬舎ホームページアドレス　http://www.gentosha.co.jp/

この本に関するご意見・ご感想をメールでお寄せいただく場合は、
comment@gentosha.co.jpまで。